이승만 깨기

이승만 깨기

이승만에 씌워진 7가지 누명

남정욱
류석춘
엮음

백년
동안

우남 이승만,
제대로 알고나 떠드십니까

우남 이승만, 제대로 알고나 떠드십니까.

아파트 외벽이나 전철역에서 우남이라는 단어를 발견할 때마다 그래도 이 나라에 아직은 정신이 올바른 분이 있어 저 이름을 붙였구나 생각하곤 한다. 한편으로 그 아파트에 사는 사람 중 정신이 흐리고 탁한 인간이 있어 나, 이 이름 붙은 아파트 싫으니까 이름 바꿔주시오 하는 말종은 없을지 상상하며 혼자 킥킥 웃는다. 이렇게 우남은 우리 사회에서 참 대접 못 받는 이름이다. 백범과 몽양은 존경하면서 정작 감사해야 할 우남에게는 고개를 돌린다. 몰라서 그런다. 무식해서 그런다. 이상한 교육을 받아서 그렇다. 그렇게 방치한 세월이 반백 년이다. 부끄러운 세월 50년이기도 하다. 건국을 해놓고도 아버지 소리를 듣지 못했다. 민주주의를 몸소 실천하고도 독재자 소리를 들었다. 침략군이 쳐들어와서 당연히 컨트롤 타워를 옮겼는데도 도망자 취급을 받았다. 북쪽에 이미 정부가 들어섰기에 우리도 정부 세우자고 했다가 분단의 원흉이라는 타이틀을 얻었다. 미국을 압박해 어렵게 한미상호방위조약을 체결했는데 돌아온 건 미국의 앞잡이라는 손가락질이었다. 정착 친일 정권이 세워진 건 북쪽이었는데 골고루 사람을 기용해 만든 정부는 친일 정부 누명을 썼다. 폼만 나고 실익은 없는 무장투쟁 대신 국제 정세에 유익한 외교 전략을 활용한 혜안은 몸 사리는 겁쟁이라는 비난으로 돌아왔다. 이제 그런 어리석고 못난 세월을 끝낼 때가 되었다.

이승만을 역사에서 매장시키려는 획책은 매우 조직적으로, 대단히 치밀하게 단계적으로 진행된다. 초등학교 때는 이승만은 독재자라고 배운다. '초딩'의 머리로는 그 정도 이해가 적당하기 때문이다. 그러나 세상 어느 독재자가 국민이 내려오란다고 바로 자리에서 물러나나. 중학교에 가면 이승만은 부정선거로 당선됐다고 선전한다. 4.19가 일어난 제4대 대통령 선거 때 이승만은 이미 대통령 당선 확정 상태였다. 부정이 저질러진 것은 부통령 선거였다. 그런데도 이승만은 그 책임을 자기가 졌다. 데모하는 학생들을 칭찬했다. 다친 시민이 있다는 말에 병원으로 달려갔다. 북한군이 쳐들어오자 서울을 버리고 도망치면서 다리를 끊어 백성들을 억울한 죽음으로 내몰았다는 설명은 고등학교 때쯤 나온다. 전쟁이 벌어졌을 때 지도부가 안전한 곳으로 피신하는 것은 상식이다. 적 주력부대의 드라이브를 막기 위해 다리를 끊는 것은 군사학을 전혀 모르는 사람에게도 당연한 결정이다. 비난하는 자들에게 묻고 싶다. 그럼 대통령이 서울에 남아서 권총이라도 들고 항전하다가 전사하는 것이 옳았다는 얘기인가. 오히려 고집 피우다가 피난을 너무 늦게 갔다. 이게 오히려 지적할 문제다. 이렇게 해서 머리가 여물지 못한 아이들은 독재자와 부정 선거의 주범과 비겁한 도망자로 우남을 새긴다.

대학교에 가면 좀 더 정밀하게 왜곡이 펼쳐진다. 정읍 발언을 문제 삼아 분단의 원흉으로 몰고 간다. 항상 아쉽게 생각하는 부분이 있다. 정읍에서 연설하실 때 "늦었지만 우리도"라는 말을 하셔야 했다. 북쪽에서 정권이 차근차근 만들어지는 가운데 우리는 손 놓고 있었다. 당연히 나왔어야 할 발언이다. 남한의 정부는 북한보다 1년이나 출발이 늦었다. 그 1년 동안 북한은 사주를 받고 협의를 하고 전쟁 준비를 마쳤다. 이렇게 우리는 우남에 대한 기억을 완성해간다. 워낙 잘 짜인 각본에 따라 진행되는 것이라 의심할 겨를도 없다. 그렇게 우리는 역사 바보가 된다.

우남이 미국의 앞잡이라거나 항일투쟁을 안 했다는 모략은 비교적 최신 버전이다. 북한의 김일성이 소련의 앞잡이였기 때문에 우남도 그렇게 몰고 싶었나보다. 미국은 우남이 정말 미웠다. 이영훈 선생 표현대로 입에 칼을 물고 뛰는 노인네에게 질릴 대로 질렸다. 나중에는 제거 계획까지 세웠다. 반공포로를 전격 석방하는 조치로 우남은 미국에게 제대로 한 방 먹인다. 그 결과 얻어낸 것이 한미상호방위조약이다. 그 덕에 우리가 산다. 항일운동을 하지 않았다는 모략은 좀 치사하다. 미국은 '1818 중립법'을 만들어 식민지 백성이 그 어떤 군사적 활동도 할 수 없도록 발을 묶었다. 그럼 무장을 해도 되는 중국으로 활동 무대를 옮겼어야 했을까. 사람은 잘하는 걸 해야 한다. 우남은 외교를 잘하는 정도가 아니라 숱하게 '신의 한 수'를 던졌다. 김일성에게 미국에 가서 외교를 하라는 것보다 더 웃기는 비판이고 발상이다. 그리고 외교의 효과는 총질보다 몇 배나 컸다. 국제분쟁사를 읽어보면 외교가 얼마나 중요한지 알게 된다.

이 책은 건국, 농지개혁, 한미동맹 체결, 교육 혁명을 일궈낸 한 위대한 인물에 대한 가장 정밀한 보고서다. 자유경제원 현진권 원장의 비호(!) 아래 '우남 이승만 제자리 찾기 프로젝트'가 발동되었고 반년 가까이 열띤 토론을 벌여 그 결과를 정리했다. 작업에 참여한 분들은 꾸준한 책 읽기와 반성적 사유를 통해 인간의 지력이 어디까지 확장될 수 있는지를 몸으로 보여준 분들이다. 가나다순으로 자유경제원 권혁철 박사, 나라정책연구원 김광동 박사, 미래한국 김용삼 편집장, 연세대학교 류석춘 교수, 월간조선 배진영 차장, 그리고 마지막으로 각종 사회 문제 평론가인 조우석이다. 나는 정리하는 입장이었으므로 거기에는 살짝 못 미친다.

논의가 다른 방향으로 새지 않도록 방향을 잡아주신 김학은 선생은 동료이자 지도교수였다. 이분들과 같은 테이블에 앉아 같이 작업할 수 있었던 것은 내 인생의 영광이다. 책의 순서는 토론 순서와는 다르게 잡았다. 우남에 대한 저급한 모략에서 시작, 고급한 모략으로 가며 왜곡을 사정없이 박살냈다. 사정상 토론을 같이하지는 못했지만 한국 근·현대사를 굵게 꿰뚫고 계신 이명희 교수께 부탁하여 얻은 글을 첨부했다.

세계사적으로 봐야 그 실루엣이 겨우 보이는 이 위대한 인물이 제대로 평가받는 정상적인 대한민국이 되기를 진심으로 기원한다. 반론 펼치고 싶은 사람 있을 것이다. 안 말릴 테니까 댁들도 모여서 연구하고 써라. 아마 쉽지 않을 것이다.

2015년 10월 25일

자유경제원 리버티홀에서 남정욱

차례

제1부

초등학생용 모략 격파하기

이승만은 독재자?

국민이 물러나란다고
자리에서 내려오는 독재자를 보셨나요?

– **김광동**(나라정책연구원장)

민주주의는 오랜 경험과 과정을 통해 발전하고 성숙된다. 민주제도를 도입했다고 해서 민주주의가 되는 것도 아니고, 민주주의는 만들고 싶다고 만들어지는 것도 아니다. 모든 나라는 봉건 왕조제도나 절대권력의 시대를 거치며 오랜 기간의 시행착오를 딛고 민주주의를 성숙시켜왔다. 그런 의미에서 독재냐, 민주냐 하는 것은 매우 상대적인 것이고 역사적 과정에 대한 상대적 평가일 뿐이다. 독재(dictatorship)는 인간 기본권의 박탈과 배제를 말하며, 민주(democracy)는 기본권 보장과 함께 공동체의 운영에 대한 참여가 보장되는 것을 말한다. 이념형적으로 평가한다면, 독재는 국민의 기본권적 자유와 참정권을 얼마나 박탈하고 배제하고 있는가에 대한 기준으로 판단될 수 있다. 기본권적 자유가 박탈되면서 국민의 생명과 재산이 유린당하며, 참정권에 따른 정치참여는 물론이고 결사 및 표현의 자유가 억제되고 다른 경쟁자에 대한 폭력적 배제 수준이 높다면 그것이 바로 독재다. 〈그림1〉로 본다면 이념형적으로 〈A〉 영역을 민주체제로 〈D〉 영역을 독재체제로 분류할 수 있다.

〈그림1〉 민주 – 독재의 유형화

		국민 자유 civil rights	
		고	저
국민 참여 political rights	고	민주체제 (A)	대중주의 (C)
	저	권위주의 (B)	독재체제 (D)

이념형 분류와 실제의 구체적 사실에 입각할 때 독재라는 D 유형에 가장 부합하는 지도자는 스탈린, 히틀러, 무솔리니

및 마오쩌둥과 김일성, 폴 포트 등이 대표적이다. 그런 독재자가 만들어낸 권력의 구체적 특징은 자의적으로 국민 생명을 짓밟고 국민 재산을 훼손하거나 박탈하는 것이었다. 국민의 자유와 재산을 박탈한 공산주의가 가장 혹독한 독재유형이다. 그리고 독재는 자신들의 권력 유지와 강화를 위해 국민의 정치참여를 제한하고 다른 정치적 경쟁자들을 폭력적으로 배제했다는 공통점을 가진다. 대규모의 학살과 처형이 반드시 동반되게 마련이다. 그런 것들이 전형적인 독재체제의 고유한 유지 방식이다. 한국 근현대 역사에서 우리 민족을 대상으로 한 독재자의 대표적 상징이라면 당연히 김일성과 김정일을 거론할 수 있다. 북한의 세습적 지도자들은 지금까지 드러나거나 알려진 구체적 사실만 보더라도 참혹한 독재체제로 평가되며, 실제 세계적 수준으로도 가장 실패한 지도자이자 독재자로 평가받는다.

객관화된 기준에 입각할 때 이승만 대통령의 통치기(1948~1960)를 독재로 볼 수 있느냐의 평가 문제가 대두된다. 물론 이승만시기는 국민의 기본권적 자유와 민주적 참여의 수준이 서유럽 수준과 비교할 때 성숙된 것은 아니었다고 평가할 수는 있다.

그러나 검토해야 할 주요한 기준의 하나는 언제부터 그 나라에서 근대적 민주공화제가 출발했느냐 하는 것이다. 정치 발전 수준이 어떤 과정에 있었느냐를 보지 않고, 현재의 기준으로 볼 때 부족했고 미성숙했다고 해서 그 시대를 다 독재라고 볼 수 있는 것은 아니다. 왜냐하면 국민 자유와 참정권의 확대라는 기준에 입각해서, 전근대 봉건 왕조사회는 다 독재체제라고 평가하지는 않는다. 조선의 정조나 고종을 독재자라고 평가하지 않는 것은 근대적 기준을 가지고 평가하지 않기 때문이다. 이전부터 봉건 왕조체제였고 민주공화제가 아니였기에 특별히 그 당시 지도자나 왕을 독재자라고 평가하지 않는다.

마찬가지로 봉건왕조제와 식민제를 물려받아 민주주의를

〈그림2〉 한국의 시대별 정치구조 형태

1392~ 1897	1897~ 1910	1910~ 1945	1948~ 1960	1960~ 1987	1987~ 2015
			I (이승만)	II	III
봉건왕조제 조선	근대왕조제 대한제국	식민통치제	민주공화제 대한민국		

시작하는 시기의 지도자에게 갑자기 성숙한 민주주의 기준을 적용시킬 수는 없다. 봉건왕조제가 종식되고 근대 민주제로 넘어가는 과정의 시기나 지도자에 대한 평가는 달라야 한다. 얼마나 민주주의 발전에 기여했느냐로 보아야지, 성숙된 민주주의를 만들어내지는 못했다는 것이 평가대상이 될 수는 없다. 한국은 1897년 이전까지는 전근대적 왕조제, 1910년까지는 근대적 왕조제, 그리고 식민통치를 거쳐 1948년 민주공화제로 발전해왔다.(〈그림2〉 참조) 그럴 때 봉건제와 식민제를 이은 역사연속상의 민주공화제의 첫 12년이던 이승만의 통치시기가 성숙된 서유럽 민주국가들과 직접적 비교의 대상이 될 수 없다. 또 현재의 기준으로 볼 때 미흡했다는 평가를 가지고 과거가 다 독재가 될 수도 없다.

민주공화제를 만들어내던 이승만의 시기를 민주공화제가 도입된 지 40년이 지난 1987년을 기준으로 평가하거나, 혹은 현재 2015년의 기준으로 평가될 수는 없다. 민주공화제라는 근대 정치발전에 기여하는 시대적 역할에 대한 평가가 이루어지는 것이 정당하다. 그런 평가는 한국에만 적용되는 것이 아니고, 모든 국가에서 보편적으로 적용되는 것이다. 흑인 노예제를 유지하고, 투표권을 주지 않았다고 해서 미국의 워싱던 대통령이나 링컨 대통령이 독재자로 평가받을 수 없는 것이나, 아시아에서 봉건제와 식민제를 탈피한 직후의 대만이나 싱가포르의 첫 지도자들—장제스, 리콴유—가 모두 독재자로 평가받을 수 있는 것도 아닌 것과 마찬가지다. 중국이 현재 공산당 일당독재체제를 유지하고 있는 상황이라고 해서 중국의 과거 지도자인 덩샤오핑, 후진타오나 현재 지도자인 시진핑을 다 극악한 독재자로 분류하기에도 문제가 있다는 것도 마찬가지다. 절대기준에 부합했냐가 아닌 역사과정적으로 보아야 하기 때문이다.

1948년 건국은 한국 민주주의 혁명

분명한 것은 민족적 역사로 보나, 대한민국 역사로 보나 1948년 대한민국 건국은 위대한 민주주의 혁명이었다. 첫째, 민족사 최초의 민주공화제적 헌정질서의 출발이었다. 국민주권시대를 열고 국민이 선출한 대표자에 의한 만들어진 헌법과 법률에 의해 통치되는 시대를 열었다. 세습권력이자 자임적 권력, 혹은 물리적 폭력에 의한 지배권력에 의한 통치시대가 종결된 것이다. 둘째, 건국과정을 통해 민족사 최초로 국민 대표자들로 구성된 의회민주주의가 시작되었다. 국민 대표가 만든 법에 따른 통치가 출발했고 국민대표가 승인한 예산과 조세에 따라 정부가 조세를 거두고 지출할 수 있는 체제에 들어섰다. 셋째, 국민에게 자유와 기회균등이 보장되었고 모든 신분제가 폐기되었다는 사실이다. 양반과 상놈이라는 신분제가 종국적으로 사라졌고, 여성차별과 여성권리의 제도적 배제는 사라졌다. 표현의 자유와 결사의 자유가 허용되고 누구나 정치단체를 만들어 국민으로부터 권력을 위임받기 위한 경쟁에 돌입할 수 있었다. 국민들은 대통령과 국회의원 등에 대해 4년마다 정기적으로 진행되는 자유민주적 선거에 따라 선출하거나 책임을 물을 수 있는 근거와 절차를 갖게 되었다.

한국 민주주의는 1870년대 이후 근대제도의 도입과 식민지 및 미군정시대라는 변화의 연속선에서 진행된 것이지만, 지난 140년 역사에서 가장 민주주의적 비약이 혁명적으로 진행되었던 것은 1948년 대한민국에 민주공화제적 건국을 하면서부터다. 한국 민주혁명은 계속된 경제번영에 토대하게 되면서 1980년대 후반에 이르면 흔들리지 않는 안정적 민주국가로 접어들었다. 한국은 프리덤 하우스의 지표로 1988년 민주주의 안정화 단계로 돌입하였고, 1990년 초반에 들어서면 제2차 세계대전 이후 일본, 그리스, 스페인, 포르투갈 등과 함께 전 세계에서 신규로 민주국가 반열로 편입된 유일한 7개국 중 하나로도 평가받는다. 2010년 영국 EIU 조사에 따르면 한국은 세계 20위의 민주국가로 평가되고 있는데, 그것은 일본에 앞서고 프랑스나 영국과도 차이가 없는 수준이다. 봉건과 식민체제를 종결하고 민주공화제적 건국 이후 불과 40년 만에 성숙된 민주주의를 만들수 있었던 것도 이승만이 이끈 건국 민주주의 혁명의 토대가 있었기 때문이다.

대한민국 건국을 민주주의 혁명이라고 볼 수 있는 것은 첫째, 다른 주변국이나 동일한 조건에서 출발한 신생국 내지 개도국 중에서 한국이 만들고 정착시킨 수준의 민주주의를 한 나라를 찾기 어렵다는 것에서도 알 수 있다. 중국, 대만, 북한, 몽고, 베트남 등 대부분의 나라에서는 자유민주체제가 진행되지 못했고, 자유선거조차 없는 수준이다. 70년이 지난 지금까지도 의회민주주의와 헌정질서에 의한 통치가 진행되지 못하고 있다. 같은 조건에 있던 나라들이나 함께 출발했던 주변의 나라들 중 한국만이 건국 이후 전혀 남다른 길을 갔다는 것이 바로 1948년 건국민주주의의 혁명성을 말하는 것이다. 둘째는 지난 70년의 한국 역사에서 그 어떤 기준으로 평가하더라도 1948년 민주주의 혁명을 능가하는 새로운 비약은 없었다는 사실이다. 1960년 4.19에 따른 사회변화, 5.16에 따른 경제변화 혹은 1987년 민주화운동에 따른 대통령 직선제 도입과 같은 정치변화가 있었지만, 그 모든 것은 1948년 건국 민주주의라는 혁명성을 넘어설 수도 없는 수준이다.

기본권적 자유의 확대과정이었던 1948~1960년

대한민국 건국과정에서의 민주혁명과 민주공화제 정착과정은 기본권적 자유라는 잣대와 참정권의 확대라는 기준으로도 재평가될 수 있다. 첫째로는 개인의 생명과 재산에 대한 정부의 보호다. 1880년대 이후 근대를 지향해온 한국에서 대한제국 때는 근대적 정부체계를 지향하고 유럽의 귀족 및 부르주아 의회와 같은 중추원(中樞院)과 같은 조직이 있었고, 식민시대 때도 근대적 정부를 향한 지속적 움직임은 계속되었다. 그러나 근대적 의미의 민주정부의 출발은 1948년이었고,

그때부터 정부의 본질적 성격도 국민의 생명과 재산에 대한 보호를 목적으로 하기 시작했다. 국민이 권력의 통치 대상에 머물렀던 시대가 종결되고 정부는 국민을 위해 봉사해야 하는 기관임이 정착되기 시작했다. 정부는 국민의 생명과 자유, 그리고 국민의 재산과 복지를 위해 존재하고 봉사하는 조직이라는 근거와 그 목적성의 구체적 실현방향으로 진행되기 시작했던 것이다.

둘째는 대한민국 건국으로 시작된 표현의 자유와 기회균등 및 평등 수준, 그리고 거주이전, 직업 및 종교의 자유와 같은 기본권적 자유의 보장이다. 각 개인이 추구하는 가치가 실현될 수 있게 만드는 것이 정부의 책임이었다. 신분제적 사회가 해체되며 누구나 기회균등이란 체제의 혜택을 광범위하게 누릴 수 있게 되었고 출신 신분과 상관없이 기회가 열리고, 성공을 만들 수 있는 사회로 변화되어갔다. 특히, 한국사회에서 누린 종교의 자유, 거주이전의 자유, 혹은 표현의 자유는 그 이전의 시기나 동일한 조건의 다른 나라와는 차원을 달리하는 것이었다. 한국은 1970년대에 이미 높은 평등과 기회균등 수준을 안정적으로 유지하는 나라에 도달한다. 그만큼 한국사회에는 신분에 대한 차별이 존재하지 않고 기회균

등이 개방적으로 열려 있었다는 것을 말한다.

셋째, 자유시장경제의 정착이란 기준에서도, 이승만 정부는 국민의 재산과 자유시장적 경쟁과 거래를 보호하는 방향으로 가는 커다란 기여를 했다. 독재와 민주의 기준으로 본다면 독재정부의 기본 특징은 지도자가 좌우할 정부 재산의 비중을 확대시키는 것으로 나타나면, 그것은 주요 기업의 국유화, 자원의 국유화 및 무역규제 등으로 나타난다. 히틀러나 마오쩌둥이든, 혹은 김일성이든 모든 독재자는 국유화를 지향한다. 그러나 민주주의자는 국민에게 재산 소유권을 부여하는 방향으로 간다.

이승만 정부는 귀속재산의 처분, 국유토지의 불하, 국유재산인 주요 기업의 민영화라는 커다란 방향을 일관되게 지속시켰다. 자유시장적 몇몇 나라를 제외하고는 전 세계가 사회재산을 정부 소유의 확대방향으로 가고, 특정 지도자나 특정 정당의 전유물로 만드는 역사의 소용돌이 속에서 개인 재산권을 보장하고 확대했다는 것은 건국으로 시작된 통치제도의 민주적 혁명성을 말하는 것이다. 특히 귀속농지를 농민에게 불하함으로서 민주적 기반을 만들었다. 농지 국유화나, 봉건 지주제를 과감히 탈피하고 자기 토지를 소유하게 하여 재산권을 갖게 한 농지개혁 조치는 근대적 자유경제의 근간을 확립시킨 것이기도 하다.

결과적으로 건국 이후 이승만 통치 시기는 개인 자유권의 거대한 비약이고 혁명적 변화였다. 독재는 국민의 자유를 빼앗고 국민의 재산을 유린하는 체제를 말하는 것인데, 이승만 시대에 그런 현상이 정부와 지도자 차원에서 자행된 바가 없다. 오히려 1948년 이후 전개된 시기에 한국에서 펼쳐진 것만큼 구체적 개인이 자유가 확대되고 보장받는 거대한 비약을 능가하는 인류의 다른 예를 찾을 수 없다. 유례를 찾을 수 없을 만큼 기본권적 자유의 확대와 보장이라는 혁명이 이루어진 시기였던 것이다.

민주적 참여의 확대과정이었던 1948~1960년

기본권적 자유와 함께 민주주의의 핵심은 정치 참여다. 정치적 선택을 할 수 있느냐에서부터 정치경쟁을 통해 정부를 맡는 일에 참여할 수 있고, 선출된 대표자에 대해 책임을 묻고, 교체할 수 있느냐의 문제다. 첫째는 민주적 선거제도의 보장으로 측정된다. 개인 재산의 보장과 함께, 공적 영역에서의 참여는 대표자에 대한 선택권과 그 대표자에 대해 책임을 물을 수 있느냐이며 그 방식의 자유민주적 선거에 의해 이루어진다. 1948년 5월 10일의 민족사 최초의 자유민주적 선거는 한국이 민주공화제로 가는 거대한 출발이었다. 그에 따라 국민대표기관인 의회가 구성되고, 국민대표자들에 의해 헌법이 제정되고, 그 헌법절차에 따라 정부가 구성되고 대통령이 선임되었다.

〈표1〉 이승만시기의 전국 선거(1948. 5~1960. 3, 총 11회)

1	1948. 5.10.	제헌국회의원 선거
2	1950. 5.30.	제2대 국회의원 선거
3	1952. 4.25.	제1대 시-읍-면 의회 선거
4	5.10.	제1대 도 의회 선거
5	8. 5.	제2대 대통령 선거
6	1954. 5.20.	제3대 국회의원 선거
7	1956. 5.15.	제3대 대통령 선거
8	8. 8.	제2대 시-읍-면 의회 및 제1대 시-읍-면장 선거
9	8.13.	제3대 시도 의회 선거
10	1958. 5. 2.	제4대 국회의원 선거
11	1960. 3.15.	제4대 대통령 선거

1948년 이후 한국에서의 선거는 1950년 총선, 1952년 대통령선거 및 지방의회 선거, 1954, 1956, 1958, 1960년 등 신생독립국에서 전국 선거만 총 15회가 진행되었다.(〈표1〉 참조) 정기적 선거가 계속되었다는 것은 사회안정이나 경제번영의 수준과는 별개로, 일단 국민의사에 따라 대표자가 선출되고, 대표자에 의해 정부가 운영되며, 그 운용결과에 따라 차기 선거에서 국민은 책임을 묻고 선택 여부를 결정할 수 있는 민주제도가 정착되었다는 것을 말한다. 달리 말하면 한국은 다른 사회경제적 수준과는 별개로 오히려 정치적 민주주의가 과대 발전된 나라였던 것이다.

독재자는 국민의 의사를 묻지 않고자 하며, 따라서 선거를 부정한다. 독재는 국민으로부터 평가받거나 책임을 져야 하는 선거를 거부하게 되어 있다. 강압적 선거나 포퓰리즘 체제가 아닌 이상 자유선거와 독재는 양립 불가능하다. 그럼에도 이승만 통치 시기 총 11년 8개월의 기간 중 제헌의회 선거를 포함, 총 11회의 전국선거가 진행된 것은 놀라운 것이다. 자유민주 선거를 거의 1년에 한 번씩 12년간 거르지 않고 한다는 것은 민주공화제 출범국가로서도 지극히 예외적인 것이며 유례를 찾기 어렵다. 그것도 1950~1953년 3년간 400만의 사상자가 발생한 세계사적으로도 가장 가혹한 전쟁 중에도 세 번에 걸친 전국선거가 진행되었다. 전 국민 보통선거는 신분제의 폐지나 남녀평등권의 확립 등에서 커다란 진전을 만들어낸다. 특히 정기적 선거가 계속되었다는 것은 국민대표자에 대해 책임을 물을 수 있게 되었다는 점에서 정치적 민주주의의 확고한 정착이었다.

둘째는 정치적 자유경쟁제도의 정착이다. 정당과 같은 정치적 결사가 자유롭고 표현의 자유가 광범위하게 허용되었다. 물론 민주주의 미성숙사회에서 나타나는 지도자에 대한 찬양적 행사와 권위주의적 통치양식이 많았다. 그렇지만 그런 것들이 대부분의 나라에서 있었던 초대 대통령에 대한 찬양 수준과 차원을 달리했다고 보기는 어렵다. 특히 정당과 사회단체의 결성과 경쟁은 거의 무한대적으로 자유로웠다. 〈표 2〉에서 보듯 한국에서 정치결사는 매우 자유로웠고 누구나 정당과 정치결사를 만들어 정치활동과 선거 경쟁에 나설 수 있었다. 다른 모든 독재체제에서는 전혀 볼 수 없는 현상이다. 그것은 신생독립국의 혼란이라 볼 수 있는 수준이지, 결코 독재의 모습이라 볼 수 없었다.

〈표2〉 건국 이후 12년간 정당별 득표율 변화(총선)

	제1당	제2당	제3당	제4당
1948 제헌	한독립촉성국민회 (24.6%, 55석)	한국민주당 (12.7%, 29석)	대동청년단 (9.1%, 12석)	조선민족청년당 (2.1%, 6석)
1950 제2대	민주국민당 (9.8%, 24석)	대한국민당 (9.7%, 24석)	국민회 (6.8%, 14석)	대한청년당 (3.3%, 10석)
1954 제3대	자유당 (36.8%, 114석)	민주국민당 (9%, 15석)	국민회 (2.6%, 3석)	대한국민당 (1.0%, 3석)
1958 제4대	자유당 (42.1%, 126석)	민주당 (34.2%, 79석)	통일당 (0.6%, 1석)	

더구나 한국에서 대통령 소속 정당이 압도적 득표를 한 예가 없고, 6.25전쟁을 겪은 이후에야 이승만의 자유당이 36.8퍼센트를 얻게 되는 수준이다. 특히 1958년에 가면 자유당 지지율 42.1퍼센트, 민주당 지지율 34.2퍼센트로 양당제적 구도가 만들어지기 시작하고 정당 간 격차도 8퍼센트가 되지 않았다. 부분적으로 자유가 제한되고 성숙되지 못한 것은 이승만 대통령의 통치가 만들어낸 결과라기보다는 당시 한국 사회의 발전수준과 관련된 것이다.

셋째는 정치적 반대자 및 경쟁자에 대한 배제의 수준에 따른 분석이다. 이승만 대통령은 늘 압도적 표차로 당선되었던 것은 사실이다. 직접선거였던 제2대 및 제3대 대통령 선거에는 74.6퍼센트(1952), 70.0퍼센트(1956)였고 제4대 때는 조병옥의 서거로 무투표 당선(1960)이었다. 국회간접 선거로 당선된 제1대 간접선거 때는 이승만 180표, 김구 13표였고, 직접선거인 제2대·제3대 때는 실질적으로는 신익희, 조병옥이었지만 최종 선거까지 가지 못하면서 실제 선거 때는 조봉암 11.4퍼센트, 이시영 10.9퍼센트(1952), 혹은 조봉암 30.0퍼센트(1956)이 경쟁자였던 것처럼 보인다.

신익희와 조병옥이 선거를 마치지 못한 것은 한국 민주주의 안정에 부정적 변수가 된 것도 사실이고, 조봉암이 공산체제와의 연루문제로 사형선고를 받고 사망된 것은 민주주의의 미성숙 현상으로 평가될 수 있다. 여운형, 장덕수 등 많은 인사들이 테러 대상이 되는가 하면, 공산체제와 전쟁을 겪으며 수백만이 사상당하는 정치적 격변기의 혼란적 상황이었기 때문이다. 다른 나라와 달리 한국은 민주주의를 인정하지 않는 공산주의와 치열한 대립 현상의 결과이기도 했다. 초기 민주주의 정착과정에서의 미숙성과 사회 혼란의 모습이었던 것이지 당시 특정 지도자의 독재적 행동 때문이라고 규정지을 수는 결코 없었다.

전체주의 추종자들이 만든 '이승만 독재자'론

이승만을 반민주 독재자로 규정짓는 평가의 근거는 대개 다음 세 가지다. 첫째는 헌법 개정을 통해 장기집권을 도모했다는 것, 둘째는 3.15부정선거를 자행하여 민주주의를 유린했다는 것, 그리고 셋째는 경쟁자인 조봉암에 대해서는 사형 선고 등으로 경쟁자를 배제시켰다는 것으로 집약된다. 일부 학계 및 언론계 등 소위 지식층은 그런 사실만을 강조하며 부정적으로 평가하고자 한다.

이승만의 통치를 독재로 규정짓고자 하는 평가에 대해서는 다음 몇 가지의 비교기준을 갖고 재평가할 수 있다. 첫째, 헌법 개정 등을 통한 장기집권 추진 문제와 관련하여 그것은 신생국이며 개발도상국의 민주공화제 초기시기의 과잉되고 미숙했던 측면으로 평가될 수는 있지만 독재적 지도자로 평가될 만한 것인지의 여부다. 당시는 전반적인 민주주의 도입과 정착시기로, 남북 간 전쟁과 대치 상황에서 안정적인 국민국가형성(Nation Building)의 문제로 볼 사항이지 이승만의 개인적 독재체제 구축이라는 기준으로 볼 것은 아니다. 그런 면에서 이승만 대통령의 12년에 약간 못 미치는 집권은 주변국

내지 체제였던 김일성(1948~1994) 마오쩌둥(1949~1976), 장제스(1928~1975) 등의 지도자와 비교할 때, 매우 짧은 집권으로 그것으로 독재로 평가되거나 상징될 수 없다고 판단된다.

둘째, 3.15선거의 부정부패에 대한 지적이다. 광범위한 부정선거가 자행되었지만 당시 3.15선거는 이승만에 대한 선거가 아닌 이기붕 당선 과정에 대한 선거다. 이미 이승만은 선거를 불과 10일 앞둔 조병옥의 급작스런 사망으로 경쟁자가 없어진 상황이었기에 당선을 위한 부정선거를 할 이유가 없었다. 다만 본인의 러닝메이트이자 상대 정당의 후보자가 부통령이 될 수 있는 상황에서 부정선거를 방치한 것에 대한 책임은 피할 수 없다. 또 그 결과로 결국 4.19에 따른 국민 요구에 물러나기도 했다. 모든 독재자는 가혹한 폭력을 무자비하게 행사한다. 수천만을 처형한 마오쩌둥이나 수백만을 처형한 김일성이 대표적이다. 독재자는 반대자들에 대해 폭력적 진압이란 방식을 선택하지 스스로 물러나는 선택을 하지 않는다는 것을 볼 때, 이승만의 통치는 독재체제가 아니라 미숙했던 민주체제를 더 성숙시키는 과정에서 스스로 물러난 것으로 평가된다.

셋째, 경쟁자에 대한 제도적·물리적 배제 수준이다. 조봉암의 사형선고를 대표적 사례로 언급하며 권위적 배제와 탄압을 거론하나, 그것은 공산체제라는 전체주의와 극단적으로 대치되던 관계에서 비롯된 것으로 자유민주적 경쟁의 대상이었던 신익희, 조병옥과는 차원이 다른 성격의 것이다.

국민적 수준에서 이승만의 통치시기에 자유와 재산의 박탈이 있었다고 보기도 어렵다. 집단적 학살과 광범위한 공포정치 내지 정치적 격리 및 정치수용소가 운용된 바도 없다. 결국 독재로 규정짓고자 하는 요소란 장기집권에 대한 의지 여부에 따른 헌법 개정이나 도덕적 평가와 관련된 것이거나, 선거부정과 같은 민주주의의 운용 수준의 미성숙성에 따른 평가에 의한 것이다. 그런 측면에서 이승만의 독재에 대한 평가는 민주주의적 체제의 미숙성에 대한 평가로 보아야 할 사항이지 이승만의 통치가 독재였다고 평가될 수는 없다.

전근대적 체제와 비민주적 체제를 다 극복해내지 못했다는 평가의 수준이지 민주주의를 거부하고 독재체제를 의도적으로 만들어나갔다고 평가될 수는 없다. 더구나 지도자에 대한 주요한 평가 기준으로 이승만에 대한 부정적 평가의 대부분이 장기집권 의도와 선거민주주의의 성숙수준과 관련되었다는 사실은 민주주의의 핵심 사항인 국민의 생명과 자유,

그리고 국민 재산을 짓밟거나 유린하지 않았고, 그렇게 평가될 만한 것은 거의 없다는 것이 엄연한 사실이다.

한국 민주주의 혁명가였던 이승만

다른 사회경제적 수준과 비교할 때 이승만시대의 민주주의 수준이 얼마나 조숙한 민주체제였고, 비약적 수준이었던가를 재평가해볼 수 있다. 무엇보다 이승만 통치시대에는 a) 자유를 달라는 요구가 없었고, b) 신분제를 폐지하라는 요구가 없었으며, c) 의회를 만들어 의회민주주의를 만들자는 말이 없었고, d) 국민에게 투표권을 달라는 요구가 없었으며 여성에게도 투표권을 달라는 요구도 없었다. 나아가 e) 정당결성에 제한이 없었고, 정당탄압이나 정당해산이 있지 않았고, f) 종교자유와 거주이전 및 표현의 자유를 허용해달라는 요구가 없었다. 그러나 그 모든 것은 사실 민주주의 성숙국가에서 수백 년간에 걸쳐 만들어낸 것들이었다.

그러나 봉건왕조나 일제시대에는 없던 그 많은 것이 대한민국 건국과 이승만의 통치시기에 일제히 도입되고 시작되었다. 그런 의미에서 우리 민족에게 민주주의 비약이란 바로 미국의 지원 아래 이승만 대통령이 주도했던 통치 시기에 만들어지고 정착된 것들이다. 그 시대야말로 한국 민주주의의 혁명기였으며, 그 시대를 주도했던 지도자는 이승만이었다.

그런 의미에서 이승만 통치 시기의 민주주의를 평가하기 위해서는 민주주의 도입 및 성숙과정에 대한 인식이 우선되어야 한다. 서유럽 수준의 이념형적 기준을 설정하고, 그 기준에 충족되지 못했다고 당시의 모든 지도자가 독재자로 평가될 수는 없다. 철종이나 고종에게 민주와 독재 여부를 말하지 않고, 식민통치에 민주주의를 말하지 않는 것을 당연히 여기는 것은 시대적 여건을 인정하기 때문이다.

그렇다면 민주주의를 도입한 직후시기에 민주주의 성숙이 있지 않았다고 해서 독재로 규정지어야 할 정당성은 없다. 그 시대를 맡은 지도자가 민주주의적 이념형을 다 충족시키지 못했다고 독재자로 평가받을 수는 없다. 주어진 시대를 어떻게 끌어나갔냐가 아니라, 민주주의 이념형과의 거리를 말한다면 현대에 가까울수록 민주주의자이고 현대와 멀수록 독재주의자라는 이분법으로 분류하는 비과학적 방법론이다. 오히려 민주주의를 만들고 정착시키는 역할을 한 지도자가 비민주주의자로 평가될 수밖에 없다.

둘째로, 이승만 통치기인 1955년 기준으로 국민소득, 기업, 대학, 정당 등이 세계 70위 전후 수준에 있는 상황에서 정치수준만 홀로 세계적 수준에 있지 못했냐는 평가는 과도한 것이고 앞뒤가 맞지 않는 것이다. 사회경제수준과 정치수준이 분리되어 진행될 수 없다는 상식적 수준에서 보더라도 1950년대 중반 한국의 모든 사회경제적 수준과 비교할 때 지도자의 수준이 상대적으로 가장 탁월하고 민주적이었다고 평가된다. 낮은 소득, 높은 문맹률, 낮은 평균수명, 낮은 기업 경쟁력은 물론 경쟁력 있는 대학이나 전문성과 정책능력을 갖춘 정당의 존재 여부에 이르기까지 당시 한국사회의 제반 수준에 비추어 지도자도 평가되고 비교되는 것이 정당하다. 사회경제적 수준과 수준을 달리하는 민주주의 지도자란 불가능하다. 그럼에도 이승만은 그런 수준을 뛰어넘었다. 이승만의 정치철학이나 국가지도력의 수준 및 민주주의에 대한 정립 노력은 다른 모든 영역에서의 한국사회 경제적 수준과는 차원을 달리하며 앞서 나갔다는 것을 알 수 있다.

셋째, 지도자에 대한 평가는 비교 접근법이 적용되어야 한다. 비교는 두 가지다. 첫째는 다른 주변국들 및 동일한 수준에서 출발했던 나라들의 지도자들과 평가되어야 하고, 둘째는 그를 제외한 다른 국내 지도자들과 비교할 때 정당한 평가가 가능해진다. 먼저, 제2차 세계대전 이후 1948년 전후하여 출범한 세계의 대다수 지도자 중에 이승만의 업적이나 지도자적 능력을 갖췄다고 평가되는 지도자를 찾기 어렵다. 또한 이승만을 제외하고 어떤 지도자가 한국을 이끌었을 때 더 민주적 대한민국을 만들 수 있었는가를 재구성해볼 때, 김구-여운형-박헌영-김일성 등과 비교해보면 이승만보다 더 근대적 민주주의를 만들어내고 민주정부를 운영할 수 있는 지도자를 찾기 어렵다.

넷째, 민주주의와 민주주의자의 구체성은 추상적 당위에 있지 않고 독재와 전체주의의 투쟁에 대한 기여와 역할로 평가되어야 한다. 민주주의자는 민주를 외치고 민주주의 실현을 주장하는 것만으로 민주주의자가 되는 것은 아니다. 봉건을 극복하고, 민주제도를 도입하고 운영하는 실질적 역할을 하면서, 민주주의에 반하는 체제로부터 민주주의를 보호하는 활동을 할 때 민주주의자라고 할 수 있다. 그런 면에서 한국 민주주의의 가장 실질적이고 명백한 위협이었으며 정규 전쟁은 물론 물리적 폭력과 테러를 자행했던 공산주의체제 선두에서 투쟁했던 지도자가 명실상부한 민주주의자다. 구체적 독재이자 한국 민주주의에 대한 명백한 위협이자 침략전쟁 세력인 공산 전체주의와의 투쟁은, 민주주의의 상징이나 기여자로 평가되어야 한다. 전체주의와 싸운 반공 민주주의야말로 한국 민주주의의 구체성이다.

프랑스혁명과 미국독립혁명이 위대한 것이라면 한국의 민주주의 혁명이 위대하지 않을 이유는 없다. 스위스는 1971년까지 여성에게 투표권이 주어지지 않았고, 미국도 1965년까지 흑인에게 실질적 투표권이 주어지지 않았다. 그렇다고 그 시대를 독재로 본다는 평가를 보지 못했다. 중국이나 베트남에서 정치자유와 정당설립이 없고 선거가 없다고 모두 독재자로 보지는 않는 것 같다. 그럼에도 보편기준이나 일반적 평가와 달리 한국 학계 및 정치계 및 언론계 등 지식층을 중심으로 김일성이나 김정일이 아니라, 유독 이승만을 부정적으로 평가한다. 그 같은 부정적 평가는 대체적으로 두 가지에서 비롯된 것으로 보인다.

첫째는 미국이나 영국과 같은 이념형에 못 미치고 비약을 못 이루었다는 평가고, 둘째는 민족사회주의적 방향으로 가지 않았다는 것에 따른 부정적 평가다. 그러나 두 번째 형태는 실패형이고 그것은 스탈린 체제나 마오쩌둥과 김일성과 같은 방향으로 가지 못했냐는 차원의 문제제기로 논의 가치조차 없다. 그럼에도 한국사회에 확산된 '이승만 독재자론'의 기원과 지속성은 대부분은 '공산주의'나 전체주의를 의미하는 '인민민주주의'로 가지 못했다는 비판과 맥락을 같이하고 있다. 이승만을 '민중'과 '민주'에 반하고 '통일'에 반하는 지도자이자, 독재자로 평가한다. '민중-민주-통일'이란 개념과 잣대를 사용하지만 그 실제 내용은 공산전체주의를 지향하는 잣대에 의한 평가다.

송건호와 리영희로 대표되는 그런 전체주의적 기준에 따른 이승만에 대한 왜곡된 평가와 달리, 실제적 전체주의자인 김일성에게는 반민중, 반민주, 반통일주의자란 평가가 일절 시도되지 않았던 것만으로도 알 수 있다.

한국의 민주주의 발전과정이란 역사적 과정에 대한 평가와 함께 주변국 및 신생독립국이나 개발도상국과의 비교에 따른 평가에 근거해야 한다. 지도자였던 이승만에 대한 평가도 마찬가지다. 이승만은 민주주의가 없고 민주주의를 경험하지 못했던 시기에 민주주의를 도입하고 정착시킨 인물이다. 이승만이야말로 한국 민주주의는 물론이고, 신생독립국 및 개발도상국에 민주주의 모델을 만들어 세운 위대한 혁명가다. 대한민국 5천 년 민족사나, 혹은 대한민국 70년사로 보거나, 더 나아가 신생독립국 지도자 모두를 분석하더라도 이승만보다 더 민주주의 발전에 기여했다고 평가받을 지도자는 결코 찾을 수 없다. 이승만이야말로 대한민국과 신생독립국 민주주의의 길을 개척하고 모델을 만들어 세운 위대한 혁명가였던 것이다.

이승만은 부정선거로 당선됐다고요?

죄송하지만
그건 부통령 선거였답니다

– **조우석**(문화평론가)

"대한민국에서는 도둑이 될 수 있다/대한민국에서는 거지가 될 수 있다/거지의 자유/도둑의 자유야말로 자유였다/바야흐로/바야흐로/바야흐로/세상은 자유당의 것/사사오입으로/3선 개헌 완료하고/백주의 테러는 테러가 아니라 우국충정이었다/대한민국에서는/전쟁으로 죽어갈 자유와/전쟁으로 벼락부자가 될 자유가 있다"(고은, 『만인보』 제17권 수록 시)

10여 년 전에 출간된 시집에 실렸던 이 작품은 건국 대통령 우남 이승만과 그의 시대에 대한 가장 맹랑한 조롱이다.

지금 우남에 대한 대중정서란 것도 꼭 그와 닮은꼴이다. 이른바 원로라지만, 시야가 좁디좁은 작가인 고은의 이 작품은 당시 큰 화젯거리였던 몇몇 소재를 가지고 1950년대를 악의적으로 재구성했다. 바로 이런 문학작품이 우리 현대사를 "정의가 패배하고 기회주의가 판을 친 굴욕의 과정"으로 다시 한 번 색칠하고 있지만, 우리는 여전히 그런 지식정보의 오염으로부터 자유롭지 못하다.

1960~70년대 경제기적을 예비했던 1950년대의 신생 대한민국 사회에 거지나 도둑이 될 자유만이 있었다는 단정부터 얼마나 억지스러운가. 문학, 영화 등 예술작품이 과연 그 시대의 전체 모습을 제대로 담아낼 수 있는 것인가라는 의구심을 불러일으키는 대목이 아닐 수 없다. 눈여겨볼 대목은 이승만을 공격하는 고은의 이 시가 이승만 정부의 아킬레스건인 1960년 3.15선거를 전후한 부정선거 고발로 온통 채워진다는 점이다.'이승만=부정선거의 원흉'라는 대중적 이미지가 그만큼 강력하다.

일테면 "백주의 테러는 테러가 아니다"라는 대목은 3.15선거 당시 내무장관 최인규의 발언에 대한 야유다. 고은은 "바야흐로/세상은 자유당의 것/사사오입으로/3선 개헌 완료하고"란 말도 잊지 않았는데, 그건 1954년의 일이다. (참고로 총 30권 분량인 『만인보』 연작시집은 사사오입 논리는 제공했던 교수의 이름을 딴 별도의 시 「서울대 수학과 교수 최윤석」을 포함해 대한민국 현대사를 비아냥거리는 작품들로 차고도 넘쳐난다. 그래서 그건 '문학의 옷을 걸친 독극물'의 수준이다.)

고은을 포함해 현대사를 부정적으로 보는 이들의 단정에 따르면, 초대 대통령 이승만은 영구집권과 종신 대통령을 꿈꿨던 독재자 중의 독재자다. 그래서 중임(重任)제한 철폐 등으로 헌정을 어지럽혔으며, 그 결과 3.15정-부통령 선거라는 '악의 꽃'을 만들어냈다고 하는 고정관념을 대중들에게 강요하고 있다. 3.15에는 아예 '부정선거'란 꼬리표가 따라붙는다. 실은 3.15와 4.19를 전후한 그 당시에 벌써 그러했음을 기억해두자.

일테면 시인 김수영의 시 작품 '우선 그놈의 사진을 떼어서 밑씻개로 하자'의 경우 이승만에 대한 극대치의 증오와 분노를 터뜨린 작품이다. 하야 성명을 듣자마자 김수영이 환호작약하며 삽시간에 완성했다는 이 작품은 자유당 시절과 우남 이승만에 대한 맹렬한 공격이다. 참담한 인격살인 그리고 저주의 미학이 춤을 추는 이 작품 역시 균형 잡힌 역사적 평가에 앞서 사람들 정서에 불을 지른다. 대중은 이런 문학작품을 통해 이승만을 다시 쉽게 '단죄'하곤 한다.

> "우선 그놈의 사진을 떼어서 밑씻개로 하자/그 지긋지긋한 놈의/대한민국사진을 떼어서/조용히 개굴창에 넣고/썩어진 어제와 결별하자/그놈의 동상이 선 곳에는/민주주의의 첫 기둥을 세우고/쓰러진 성스러운 학생들의 웅장한/기념탑을 세우자//이제야말로 아무 두려움 없이/그놈의 사진을 태워도 좋다/협잡과 아부와 무수한 악독의 상징인/지긋지긋한 그놈의 미소하는 사진을(하략)"

건국 대통령은 "협잡과 아부와 무수한 악독의 상징"이며, 그의 주도로 이뤄진 1948년 건국이란 것도 결별해야 할 "썩어진 어제"일 뿐이라니! 놀랍게도 이 작품의 '문학적 진술'은 바로 우리 현실로 굳어졌다. 대통령의 사진을 화장실 용도로 쓰거나, 거리의 동상을 허물어버리는 행위야말로 시민적 자유와 해방감을 만끽하는 인증이 됐고 지식인들의 젠 체하는 우쭐대는 모습으로 자리 잡았다. 그런 일그러진 현대사 인식 때문에 대한민국은 지금도 혼란을 거듭한다.

그리고 곤혹스럽다. 우리의 건국 대통령은 말년의 부정선거란 누명, 그리고 4.19로 인해 불명예스럽게 하야한 지도자란 나쁜 이미지로부터 여전히 자유롭지 못한 게 현실이다. 그런 대중적이고 속화된 인식이란 게 어디까지가 맞는 얘기이고, 어디에서부터 과장된 것일까를 점검해야 하는데, 이 글은 우남의 과오에 대한 '부분적인 시인'을 기꺼이 하려 한다.

그와 별도로 부정선거에서 이기붕 등 자유당 강경파의 책임이 어디까지이고, 우남의 역할은 과연 어디까지인가를 따져 묻는 작업을 병행한다. 그래야 제1공화국이 "억압과 폭정"으로 점철됐다는 속단, 그 시대를 지휘한 건국 대통령은 "부정선거를 지휘한 원흉"이라는 마구잡이 공격이 얼마나 근거 없는가를 확인할 수 있고, 우남의 전체 모습을 제대로 조감할 수 있지 않을까?

상식이지만 제1공화국 당시 대통령 선거는 모두 네 차례 이뤄졌다. 첫 번째는 건국 직전인 1948년 7월 국회가 간선(間選)방식으로 뽑았다. 당시 제헌의원 198명 중 대통령에 이승만이 압도적인 180명의 표를, 이시영이 133표를 각각 얻었으니 절차에서 문제없었으며 부정선거 혐의로부터도 완전히 자유롭다. 두 번째인 1952년 8월의 제2대 대통령 선거의 경우 처음으로 기존의 대통령 간선제를 직선제로 바꿔 실시했다.

그것도 전시(戰時)상황에서 이뤄졌다는 점에서 특기할 만한데, 이는 우남의 정치적 결단 덕임을 잊을 수 없다. 우남은 국회에서 간선제로 대통령을 뽑는 데 동의하면서 붙인 단서에서 이렇게 밝혔음을 기억해두자. "한국 국민이 충분한 능력을 갖추고 있음이 입증되면 반드시 선출 권한을 국민에게 돌려주어야 한다." 국가수반을 국민이 직접 선출하는 것이 현명한 방법이라는 게 평소 그의 소신이었다.

이제 6.25를 겪으면서 다져진 시민의식이라면 국가수반을 스스로 선택할 수 있는 국민의 권리와 능력을 충분히 갖추었다고 판단했다. 어쨌거나 그건 제2공화국 때 잠시 내각제로 돌아선 것을 빼고 제3공화국에서 2000년대 초반 지금까지 이어지는 권력구조의 전통을 창출한 계기로 평가해야 옳다. 그걸 관철하기 위해 우남은 직선제로 바꾸는 것을 골자로 한 발췌개헌과, 이른바 부산정치파동의 우여곡절을 거쳤고, 적지 않은 무리를 했던 것도 사실이다.

이 사안을 두고 독재자 이승만에 의한 헌정 중단이라는 대중적 견해가 다수를 이루고 있지만, 그게 전부는 아니다. 외려 단견에 불과하다. 때문에 당시의 한미관계 그리고 대통령과 국회 사이의 권력관계 전체를 파악해야 전체 모습이 드러난다. 1952년 5월경 미국과, 미8군 사령관 밴 플리트 장군은 반(反)이승만 태도를 분명히 하는 국회와 손을 잡고 고분고분하지 않는 지도자 이승만을 권좌에서 끌어내리려는 상당히 위험스러운 비밀계획까지 구상하고 있었다. 이런 최대위기 국면에서 최대한 용트림을 한 게 부산정치파동이다.

당시 우남은 임시수도 부산과 경남 일대에 계엄령을 선포하고, 국회의원들의 일부를 국제공산당 연루 혐의로 구속하는 등 강공책으로 나갔다. 이 기세에 눌린 국회는 대통령 직선제 등 필요한 부분만을 골라 절충안을 만들어 국회를 통과시켰다. 이른바 '발췌 개헌'이다. 국회가 이승만의 직선제 개헌을 인정한 것은 물론 이승만의 강공에 밀린 부분도 있지만, 간선제보다는 직선제가 자유선거의 명분에 가깝고 또 그것이 국민들의 광범위한 지지를 얻고 있었다는 점도 무시하지 못한다.

지금 적지 않은 역사책들이 반(反) 이승만의 도그마에 따라 좌편향의 잣대로 재구성된 것임을 염두에 두고 현대사를 바라봐야 하는데, 어쨌거나 그렇게 마련된 새 헌법에 따라 1952년 대선 당시 대통령에는 이승만이 유권자의 74.6퍼센트를 얻어 당선됐고, 부통령에는 함태영이 각각 당선됐으니 이것도 절차상으로 문제될 게 없다. 여기서 짚어볼 건 우남이 과연 독재자였을까 하는 점이다. 그가 정말 독재자가 맞다면 당시 아예 선거 자체를 하지 않을 수도 있었다.

더구나 당시는 전쟁이 한창 중인 전시상황이 아니었던가? 국가 비상사태를 이유로 얼마든지 선거를 취소하거나 뒤로 미룰 수도 있는 상황이었다. 그러나 이승만의 머릿속엔 그런 생각이 전혀 없었다. 그렇다면 외려 우남을 민주주의의 지도자로 치켜세워야 정상인데, 이 점은 미국의 에이브러햄 링컨과 대조할 만하다. 링컨은 당시 남북전쟁이라는 국가 위기 국면에서 헌법에 보장된 인권을 번번이 무시한 채 징집 기피자, 적대세력을 지원하거나 호의적으로 대한 자 모두를 군사재판에 회부하여 처벌했다.

그는 자신의 정책에 반대한다는 이유로 수천 명을 재판 없이 투옥하고 자신을 비판하는 신문사 발행인들을 체포하는 것도 서슴지 않았다. 동시에 군인들을 선거에 개입하게 조종했고, 야당 의원들을 의회에서 추방해버리는 일도 저질렀다. 당시 그가 언론으로부터 독재자 또는 폭군으로 불렸던 것은 어찌 보면 당연하지만, 그렇다고 현재 미국사회가 그를 독재자 또는 폭군이라고 함부로 딱지 붙이진 않는다.

정치사학자 클린턴 로시터는 민주주의를 위협하는 세 가지 위기로 전쟁, 반란, 경제위기를 꼽았는데, 그런 위기국면에 처해 있던 우남에게 '완전한 민주주의' '교과서적 의미의 민주주의'를 요구하는 것 자체가 극히 한국적 상황이라고 봐야 한다. 옛날이나 지금이나 한국은 과잉 민주주의의 꽃이 흐드러진 상황인데 우남은 이런 절차적 민주주의에 대한 경이로운 수준의 존중을 지속적으로 표명해왔던 정치인이다. 뒷부분에 언급하겠지만, 우남의 이런 자세는 훗날 4.19 때 선뜻 하야(下野)를 선뜻 결심하는 진면목으로 나타난다는 것도 함께 입력시켜둬야 옳다.

문제는 1956년 5월 정·부통령 선거였다. 이때부터 조짐이 안 좋았다. 결과로만 보면 당시 이승만은 55.7퍼센트 지지를 얻어 당선됐으나 진보당 소속 조봉암이 예상치를 훌쩍 뛰어넘는 23.8퍼센트를 얻었다. 놀랍게도 선거운동 기간 중 급서했던 신익희에 대한 추모표(무효표)가 무려 20.5퍼센트나 쏟아져 나왔다. 건국 대통령에 대한 국민들의 높은 피로도가 이런 방식으로 표출이 됐고, 자유당의 1차 위기는 그때 찾아왔다고 봐야 한다.

당시 조봉암은 개표과정에서 부정이 있었다며 "투표에서 이기고 개표에서 졌다"고, 훗날 유명해진 항변을 거듭했다. 개표 부정의 개연성이 아주 없지는 않으나, 조봉암의 발언은 일방적 주장이라고 보는 게 대세다. 즉 제3대 대통령 선거였던 1956년의 선거에서도 공정선거의 원칙이 기본적으로는 지켜졌다. 이 선거에서 야당인 민주당의 장면이 자유당의 이기붕을 제치고 부통령에 당선되었다는 사실 자체가 그 점을 역설적으로 보여주지 않던가.

실은 그게 문제였다. 훗날 4년 뒤 선거의 무리수가 만들어졌던 계기가 그때였다. 즉 부통령 선거에서 국내는 물론 미국도 낙관했던 이기붕이 떨어지고, 야당의 장면 후보가 당선된 게 끝내 화근이었다. 당시 이미 여든 살이 넘은 이승만의 유고 시엔 권력이 야당으로 넘어갈 판이라서 자유당은 간담이 서늘해졌고 1950년대 중후반 내내 찜찜해했다. 이런 집단심리 속에서 자유당은 4년 뒤의 3.15선거에 대해 상당한 부담감을 안고 있었다. 이승만은 장기집권 내지 종신집권의 길을 열었으나 민심은 싸늘했던 게 사실이다.

돌이켜보면 더 이상 전시통치의 방식이 통하지 않게 된 상황에서 이기붕이 이끄는 자유당이 좀 더 유연하게 움직였어야 하는데, 상황은 정반대로만 흘러갔다. 일부는 정권 말기 현상을 빚고 있었다. 우선 경무대 주변에서 이승만의 국정 장악력이 느슨해지는 징후와 함께 이기붕 쪽으로 권력의 무게중심이 옮겨가기 시작했다. 이런 구조 속에서 국가보안법 개정(1958 말), 경향신문 폐간(1959), 진보당 조봉암 사형(1959) 등 1950년대 후반을 장식한 굵직한 현안들이 정부의 강공방식으로 처리됐다.

이 또한 경직된 정국을 만들었다. 직후 치러진 3.15선거란 실은 당과 내각 그리고 경무대 비서실의 합작이었다. 때문에 뒷부분에서 드러나듯 이승만 대통령의 역할은 상대적으로 제한적이었다. 그럼에도 시인을 하지 않을 수 없는 게 이 모든 사안에 대한 대통령의 정치적 책임은 여전하다는 점이다. 그걸 전제로 하되 당시 선거를 관장하는 주무부처인 내무장관 최인규의 적극적 역할은 섬세하게 별도로 고려돼야 옳다. 법무장관 홍진기, 치안국장 이강학 등과 함께 당시 강경파로 분류되는 인물인 그는 이기붕이 이끄는 자유당과 함께 1959년 말부터 투표계획을 세운다.

여기에 악명 높은 4할 사전투표와 공개투표 전략 그리고 투표함 바꿔치기 등의 수법이 모두 들어 있었다. 사전투표란

기권이나 고령 등의 이유로 투표를 하지 않을 유권자 비율을 4할로 내다보고 투개표 직전 다양한 방식으로 이승만 찬성표를 무더기로 집어넣는다는 것이다. 선거 승리를 위해 무모한 승부는 공개투표에서도 확인된다. 선거의 큰 원칙인 비밀투표를 정면에서 무시한 것인데, 3인조, 5인조 등으로 무리 지어서 기표를 하며 이때 자유당원, 경찰 등이 감시자 노릇을 하게 하여 야당 후보에게 표를 찍지 못하게 유도하는 것이다.

관권이 개입해 구비서류 미비를 이유를 대거나, 서류 강탈 등의 수법으로 야당의 후보 등록 자체를 방해하는 방식도 동원됐다. 그 결과 대통령 후보 이승만, 부통령 후보 이기붕이 얻은 표가 총 유권자의 수를 넘치는 사태가 일부지역에서 일어났다. 군대의 경우 이승만 표가 유권자의 120퍼센트나 됐다. 당황한 자유당은 이승만 득표율은 80퍼센트로, 이기붕 득표율은 70퍼센트로 하향조정하라고 행정망을 통해 뒤늦게 지시해야 했다. 이런 우여곡절 끝에 최종 공식결과는 이승만 88.7퍼센트, 이기붕 79퍼센트였다.

명백한 권력형 부정선거였다. 그걸 인정하자. 그러나 이런 사실에 가려 온전한 진실을 모두 외면할 순 없는 일이다. 투표일 꼭 한 달을 앞두고 야당 후보 조병옥이 신병치료차 떠났던 미국에서 급서(急逝)를 하면서 분위기가 또 한 번 반전됐었던 것을 기억해야 한다. 즉 당시 대선은 경쟁자가 없는 선거였다. 이승만 대통령이 사실상 단독 출마한 상황이었다. 당시 대선에 쏠린 사람들의 관심은 더 이상 '누가 대통령에 당선되는가'가 아니었고, '누가 부통령에 당선될 것인가'로 모아졌다. 달리 말해 3.15선거는 이승만 입장에서 볼 때 무리수를 둬야 할 이유가 전혀 없는 선거였다.

이런 명백한 진실을 외면한 채 우남을 3.15선거 획책의 총연출자이자 원흉으로 모는 것 자체가 무리수에 불과하다. 동시에 전혀 엉뚱한 후대의 조작 내지 과장에 불과하다. 그러나 이와 달리 부통령 후보 이기붕은 사정이 전혀 달랐다. 연로한 우남이 무슨 일을 당하면 부통령이 권한을 이어받을 수밖에 없다는 상황이었다. 결국 자유당의 광범위한 부정선거란 무엇인가? 그건 이기붕의 당선을 위한 것이었다. 이승만과는 무관했다. 당시의 진실이 바로 그러했다. 이런 상황에서 사실상의 선거 지휘탑 역할을 하던 「서울신문」에 연일 이승만과 이기붕을 찬양하는 소설가 김동리, 김팔봉, 시인 김광섭 등의 글이 실리며 분위기를 잡았고, 영화배우 김승호 등이 자유당 지지 연설에 동원됐다. 그렇다고 여론이 꼭 여당에 유리한 쪽으로 돌아갔던 것만도 아니었다.

이 신문은 이승만을 가리켜 "세계적 반공지도자" "영걸(英傑)" "국부(國父)" 등의 찬양을 쏟아냈다. 낮은 민도와, 반세기 전 상황에 대한 고려를 해야 할 대목인데, 어쨌거나 4.19 직후 「서울신문」에 불을 지르고, 김승호의 집을 불태우며 끝내 비극적 결말로 연결된 것도 당시 존재했던 반 이승만 집단정서의 맥락임을 고려해야 한다. 아니 투표일 보름 전인 2월 28일 대구 경북고 학생 800명이 "학교를 정치도구화하지 말라"는 구호와 함께 시위를 벌었는데, 그 중차대한 징후를 제대로 읽고 대응하는데도 이승만 정부는 의외로 굼떴다.

당시 학생들은 일요일에도 강제로 등교하게 하는 교육부의 꼼수 지시에 비위가 상했다. 일요일 등교란 그날로 예정된 야당 유세장을 텅텅 비우게 할 요량이었다. 2.28대구학생시위를 필두로 대전-수원-서울-원주 등 전국으로 확대된 것이 투표 당일 훨씬 이전까지 벌어지고 있던 상황이었다. 그게 비극적인 투표 당일의 마산시위 폭발로 연결되고 학생은 물론 시민까지 합세한 그날 시위와 경찰의 발포로 아홉 명이 사망했는데, 그 한 명이 마산상고 1학년 김주열 군이다.

그리고 한 달여 뒤 4월 11일 마산 앞바다에서 그의 시신이 낚시꾼에 의해 떠오르면서 상황은 급변한다. 부정선거 비판이 이승만 정부 규탄으로 발전한 것이다. 이 시점에서 고려대 등 서울시내 대학 거의 전체가 한꺼번에 시위를 벌인 결정적 분기점이 바로 우리가 아는 4.19다. 급속한 여론 악화와 함께 결국 대통령의 하야 성명(26일)이라는 충격적 결과를 빚어낸 것이 이후 전개된 상황이다. 기회에 김주열의 시신 발견 그다음 날 열렸던 국무회의 속기록을 훑어볼 필요가 있다.

3.15선거를 전후해 한 달여 동안 일정한 시간이 흘러 상황 파악이 제법 명료했던 시점에서도 대통령은 부정선거와 관련된 소요사태의 전모와 원인을 충분히 파악하지 못하고 있었다는 점을 이 기록은 잘 보여준다. 이건 두 가지로 해석된다. 첫째 당시 연로했던 그가 효과적으로 국정 전반을 장악하고 있었는가에 대한 의구심을 피할 수 없다. 이 점은 최고통치자로서의 결격사유로 지목되지만, 거꾸로 자유당이 연출했던 선거부정에서 그가 깊숙이 개입되지 않고 있음을 보여주는 증거로 해석되는 대목이다.

둘째 이기붕이 이끄는 자유당의 문제인데, 그들이야말로 선거부정을 지휘-연출했던 총본산이었다는 걸 새삼 보여준다. 이 점은 대통령도 대선에 훨씬 앞선 2~3년 전부터 이런 사태의 전개 앞에 적극적 제지 등의 역할을 못한 채 끌려다녔음을 보여주는데, 어떻게 보더라도 그의 정치적 책임을 모두 벗을 순 없다.

제36회 국무회의(1960년 4월 12일)

〈시국안정에 관하여〉

李承晩 대통령: 『정부가 잘못하는 것인지 민간에서 잘못하는 것인지 몰라도 아직도 그대로 싸우고 있으니 본래 선거가 잘못된 것인가?』 하시는 하문.

洪璡基 내무: (마산사건의 진상과 경찰의 대비조치를 보고하고) 『사건의 배후는 다음과 같이 추측하고 있다』고 보고. (1) 민주당이 타 지방의 데모는 선동하고 있으나 금번 마산사건의 직접배후라는 확증을 잡지 못하고 있으며 (2) 6.25사변 당시 좌익분자가 노출 정리되지 않은 지역이니만큼 공산계열의 책동 가능성이 많다고 보며 따라서 군경검의 합동 수사반을 파견하여두라고 한다.

(중략)

李承晩 대통령: 『이번 선거 때문에 그런 일이 생겼다. 즉 선거가 없었으면 일이 잘되어갔으리라고 생각할 수가 있을 것인가?』 하시는 하문에

金貞烈 국방: 『민주당의 극렬분자의 장난이지만 민주주의 발전 과정에 있는 우리나라 실정으로는 완전한 페어플레이를 기대하기 어렵다』는 의견.

李承晩 대통령: 『나로서 말하기 부끄러운 말이지만 우리 국민은 아직 민주주의를 하여나가기까지 한참 더 있어야 할 것이며 정당을 하여갈 자격이 없다고 본다. (중략) 어린아이들(김주열 군을 언급하는 걸로 추정됨)을 죽여서 물에 던져놓고 정당을 말할 순 없으니 무슨 방법이 있어야 할 것이다. 李承晩이 대통령을 내놓고 다시 자리를 마련하는 이외는 도리가 없다고 보는데 혹시 선거가 잘못되었다고 들은 일이 없는가?』 하시는 하문.

金貞烈 국방: 『우리 형편은 안정 요소가 불안정 요소보다 많은 만큼 과히 염려하실 것은 없다고 보며 정부가 너무 유화책을 써온 것이 이 같이 될 이유의 하나이기도 하나 이제는 홍 내무가 지혜 있어 처리하여 가고 있으니 잘될 것』이라는 의견.

郭義榮 체신: 『국회를 열어놓고 자유당이 손들어서 하나씩 처리하여가면 되고, 민주당의 데모도 이젠 문제가 안 되며 다만 공산당의 책동을 막는 방책이 필요하다』는 의견.

宋仁相 재무: 『정부로서도 이 이상 더 후퇴할 수 없으니 대책을 강구하여가야 할 것』이라는 의견.

이후 전개된 상황은 우리가 잘 안다. 사태의 결정적 분기점으로 지목되는 교수단 데모(25일)과 대통령과 학생 대표단의 면담도 진행됐지만, 사태를 주시하던 미국이 한국정부를 더 이상 지지하지 않는다는 메시지를 전한 게 결정적 요인의 하나였다. 어쨌거나 이제 3.15선거의 총연출자가 이기붕의 자유당이라는 건 상식에 속한다. 우남은 직접적 책임으로부터 모두 면제받아야 옳다. 반복하지만, 그가 자신의 당선을 위해 부정선거를 직접 지시할 이유부터 없었고, 그간의 통치 행태나 스타일로 보아 선거부정을 획책할 유형의 정치인도 아니었다.

사정이 그러니 이승만에게 부정선거의 원흉이란 누명을 씌우는 것은 너무 가혹할뿐더러 전혀 사실이 아니다. 그건 우남을 악마화하려는 세력의 뒤집어씌우기 위한 모략일 뿐이다. 이 점은 4.19를 전후한 우남의 발언에서도 여실히 확인된다. 일련의 발언으로 판단컨대 그는 외려 민주주의의 교사로 손색 없다고 해야 옳다. 일테면 마산의 학생 시체 발견에 관한 보고를 받고 발끈해서 말한다. "부정선거를 왜 한 거야? 어린애를 죽여놓고 뭐라고? 공산당 짓이라? 그걸로 해결될 것 같아? 대통령이 책임져야 해. 내가 그만둬야 도리이니 후

속대책을 빨리 마련하시오"라며 자진 하야를 암시했다.

또 우남은 4월 19일 경찰의 발포로 수백 명의 사상자가 발생한 사태도 뒤늦게 알게 되었다. 이승만은 병원으로 달려가서 위문하면서 "불의를 보고도 일어나지 않는 백성은 죽은 백성이지. 젊은이들이 장하다" "경찰이 백성을 죽이다니? 나라가 어떻게 백성을 죽일 수 있어?"라고 눈물을 흘리며 말했다. 그리고 돌아와 '국민이 원하면 하야한다'고 전국에 방송한다. 그러면서 이승만 대통령은 "오늘은 한 사람도 다치게 해서는 안 된다" "내가 그만두면 사람들은 안 다치겠지?"라며 걱정을 했다.

"대통령의 이러한 위대한 결단은 세간의 의혹처럼 누가 권고해서 한 것이 아니고, 대통령 스스로의 판단에 의한 독자적인 것이었다. 그게 3.15 선거와 4.19를 전후해서 표출된 우남의 진면목이라고 나는 판단한다." 이게 당시 국무위원이었던 김정렬의 증언이다. 그의 말은 계속된다. "나는 지금도 다시 그때를 회고하면서 이승만 박사가 아니었다면 결코 당시의 상황에서 대통령 하야 성명이 선포되지 않았으리라고 굳게 믿고 있는 바이다."(인보길 엮음, 『이승만 바로 보기』, 96~100쪽)

이와 같은 맥락에서 역사학자 이인호 교수는 사석에서 필자에게 이런 말을 들려줬는데, 경청할 만한 통찰이다. "대부분의 다른 정치지도자라면, 3.15선거 같은 국면에서 부통령 재선거를 지시하는 선에서 대강 일을 마무리 지으려 했을 것이다. 대통령 선거 자체는 크게 문제될 게 없었기 때문이다." 그때 필자인 내가 재우쳐 물었다. "그 경우 국민들의 정서가 우남의 결심을 받아들일 수 있었을까?" 이인호 교수의 답은 명쾌했다. "물론이다."

이후 우남의 하야는 구체화된다. 4월 22일, 시위 중 부상당한 학생들이 입원해 있는 서울대병원을 방문하여 "부정을 왜 해? 부정을 보고 일어서지 않는 백성은 죽은 백성이다. 젊은 학생들이 참으로 장하다"고 말했다. 이후 그는 "국민이 원한다면 대통령도 물러나야 한다. 그게 민주주의다"라는 말을 남기고 실제로 하야를 결행했다. 국민이 하야하란다고 해서 그 말을 듣고 순순히 물러나는 독재자를 본 적이 있는가?

우남의 이런 고귀한 뜻은 퇴임 후 각국 수반의 위로 편지에 대해 쓴 답장을 통해 미루어 짐작할 수 있다. "나를 위로하는 편지는 안 받겠소. 나는 지금 가장 행복하다오. 부정을 보고 궐기하는 백성들이 나라를 지키니 이런 날을 평생 기다렸기 때문이오." 이야말로 그가 20대 시절에 썼던 『독립정신』에서 "무식하고 천하며 약한 형제자매들이 스스로 각성하여 국민정신이 바뀌기를 원하고 또 원하는 바이다"라고도 말했던 것의 실현이라는 점에서 새삼 돋보인다.

이런 역사적 사실이 보여주는 새로운 진실은 명쾌하다. 지금까지 우남에 가해진 공격과 누명이란 대중정서 형태의 국민감정에 불과하다는 점이다. 이에 곁들여 분명한 점은 우남은 한번도 부정선거의 책임 때문에 법정 앞에 선 적이 없다는 대목이다. 그는 법정에 소환된 적도 없으며 증언을 요청받은 적도 없다. 김학은 연세대 명예교수의 적절한 지적대로 "정권이 교체된 여러 나라에서 전직 대통령이나 수상을 재판정에 세우는 것과 비교해보면, 우남은 현재까지 법률적으로 무죄다. 그걸 새삼 강조해야 한다."

이제 결론을 짓자. 시의 틀을 빌린 고은의 정치적 공격이나, 김수영 식의 '문학적 배설(排泄)' 혹은 '문학적 과장'이란 대중적 호소력이 제법 높겠지만 그게 바로 이승만의 진실은 아니다. 최고통치자인 우남이 이 모든 사안에 대한 정치적 책임을 면할 순 없다고 쳐도 시인 김수영의 삿대질처럼 그가

"협잡과 아부와 무수한 악독의 상징"일 순 결코 없다. 사실 이승만이 이끈 1950년대, 실로 거대한 역사의 수레바퀴가 크게 돌아가던 그 전체 모습을 파악하기란 어렵다.

더구나 너무 가까이에서 들여다볼 경우 19세기 조선왕조 말과 20세기 초 일제 식민시대의 아픔을 겪고 훗날 1960~70년대의 위대한 개발연대를 예비하던 그 시기의 시대사적 의미가 쉽게 판독 안 된다. 우리의 시야를 가리던 역사의 먼지가 모두 내려앉아 충분한 시야가 확보된 상황에서 편견 없는 시야로 살펴보는 게 필요하다.

그렇게 크게 볼 경우 우남이 연출한 1950년대란 "퇴영, 침체, 좌절의 늪이 아니고 한국이 자유 평등 민주주의 등 보편적 이상을 향해 전진을 계속했던 시기"라는 근현대사 전공자 유영익 교수의 말(박지향 등 엮음, 『해방전후사의 재인식』 제2권, 436쪽)이 맞다. 그렇다면 이승만을 부정선거로 당선됐다고 하는 누명은 너무도 가혹하거나, 아니면 부분적 진실에 불과하다고 봐야 한다. "내가 하야하면 사람들이 더 이상 다치지 않겠지?"라고 했던, 착한 권위주의 통치자의 위대한 결단 덕에 대한민국은 지금 민주주의의 토대 위에 서 있다.

그걸 전제로 다시 한 번 살펴보자. 논란의 여지 없이 우남은 건국 대통령이란 이름에 걸맞게 대한민국의 국기(國基)를 다져놓았다. 그가 지휘했던 시대는 공전절후(空前絶後)의 경제 기적으로 잉태했던 도약 준비기였다. 최근 들어 “협잡과 아부와 무수한 악독의 상징”이란 김수영 식의 평가는 한물갔다. 그런 근시안적 재단 대신 우리 시대 엄정한 학자 유영익 선생의 말대로 우남은 고대 이스라엘의 모세에 비교된다. 그런 우남에게 들씌워졌던 누명은 대부분 근거가 없거나 취약하다. 지금까지 우리는 ‘악마화된 우남’의 모습을 그려놓고 흥분해왔다. 그런 유령과의 투쟁을 그만둘 때가 지금이다.

이승만은 6.25가 발발하자 제일 먼저 도망쳤다는데?

전쟁이 터졌을 때 지휘부를 후방으로 옮기는 게
이상한 일? 오히려 피난이 너무 늦었지요

– **권혁철**(前 자유경제원 자유기업센터 소장)

세계에서 유일무이하게 폄하되는 건국 대통령

한 국가의 건국 대통령 치고, 그것도 성공한 역사를 자랑하는 한 국가의 건국 대통령 치고, 우남 이승만 초대 대통령만큼이나 철저하게 폄하되고 오해받고 있는 대통령도 세계에서 유례를 찾아보기 힘들 것이다. '민족 분단의 원흉' '민족지도자 김구 암살을 사주한 자' '친일청산은커녕 친일파를 중용한 인물' '6.25 발발 시 수도와 국민을 버리고 도주한 대통령' '부정선거로 당선된 대통령' '무자비한 독재자' 등등이 예외 없이 이승만에 따라붙는 수식어들이다.

건국 대통령으로서 사회주의에 경도되어 있던 대한민국을 자유민주주의로 이끈 업적, 소련을 위시한 공산주의 세력의 한반도 공산화를 막아낸 업적, 자유와 번영을 이루게 한 자유 시장경제와 민주주의의 씨앗을 심은 공로 등은 부정적인 수식어에 완전히 묻혀버렸다. 부정적 인식이 너무 강해 건국 대통령임에도 불구하고 그 흔한 동상 하나 보기 힘들고, 광화문 광장은 조선시대 인물들로 채워져 있다. 대한민국 국민임을 무척 자랑스러워하는 젊은이들도 그런 자랑스러운 대한민국이 될 수 있도록 든든한 초석을 놓은 건국 대통령 이승만에 대해서는 매우 부정적인 생각을 갖고 있다. 홍길동은 아버지를 아버지라 부르지 못해 원통해했었는데, 대한민국은 건국의 아버지를 감추고 숨기다 못해 완전히 묻어버리지 못해 원통해하는 듯하다. 무언가 이상한 나라임이 틀림없다.

남한만의 단독정부 수립을 고집해 민족분단을 가져왔다는 비판만 해도 이승만에게는 억울하기 짝이 없는 일일 것이다. 이승만이 단독정부를 수립해야 한다는 공식적인 발언을 한 것은 1946년 6월 3일 이른바 '정읍 발언'이었다. 하지만 북한에서는 이미 그 이전인 1946년 2월에 소련군과 김일성이 북조선임시인민위원회를 설립하고 실질적인 정부 역할을 하기 시작했던 것이다. 곧이어 이 기구는 정식기구가 되면서 헌법 논의 시작, 군대 창설, 법령 제정 및 반포, 게다가 '토지의 무상몰수 국유화'라는 '토지개악'까지 실시한다. 사실상의 정부였던 것이다. 이승만의 단독정부 발언은 이미 북한에서 소련에 의해 공산주의가 확고하게 자리를 잡았으며, 때를 놓치면 한반도 전체가 공산화될 위험에 처했다는 판단에서 나온 것이다. 실제로 북한에서는 우리가 5.10총선거를 실시하기 1년 전에 이미 단독선거를 실시하여 단독 국회를 구성하고 단독정부를 구성했다. 민족 분단에 대한 비판의 화살이 김일성과 소련에게로 향해야 마땅함에도 오히려 한반도 전체 공산화를 우려하여 대응했던 우남 이승만에게로 향하고 있는 것이다.

이처럼 이승만에 대한 비판과 오해는 대부분이 사실에 대한 왜곡과 거짓에서 기인하고 있다. 그럼에도 불구하고 이 왜곡과 거짓이 국민들 사이에 너무나 깊숙이 파고들어서 거짓이 마치 사실인 것처럼 되어버렸다. 6.25가 발발하자마자 이승만이 혼자 몰래 도망갔다고 하는 것도 그런 것들 중의 하나다.

이승만은 비겁자?
국민을 버리고 제일 먼저 도망갔다?

우남 이승만에 대한 비판 혹은 비난 중 가장 치욕적인 것은 '비겁한 자'라는 비난일 것이다. '6.25가 발발하자마자 수도 서울과 국민을 저버리고 혼자 몰래 도망갔으며, 그것도 모자라 거짓방송으로 국민을 우롱했다'는 것이 그것이다. 최고 사령관인 대통령이 국민을 속이고 혼자만 몰래 도망쳤다면 비난을 받아 마땅하다. 지난해 세월호 사건이 나자 SNS상에는 승객들을 버리고 도망친 선장 이준석을 이승만에 빗대는 글들이 숱하게 올라왔다. 한두 개만 소개하면 이렇다.

"이승만이 서울 시민에게 걱정 말라고 해놓고 부산으로…… 세월호 탑승객에게 가만히 있으라고 해놓고 침몰……" "이승만이 국부라니…… 지나가는 개가 웃겠소~." SNS 상에서 국부 이승만은 파렴치한이나 다름없는 취급을 받고 있다.

그래서일까, 백인철이라는 영화배우는 '4.19역사 바로 세우기 토론회'에서 "이승만은 개자식이다"라면서 자신이 "제일 역사적으로 미워하는 놈이 선조라는 놈하고 이승만이다"고 말했다. 선조가 의주를 거쳐 명나라로 도망가고자 했던 것

과 비교하면서 이승만 역시 그런 선조와 같은 부류의 형편없는 인간이라는 것이다.[1]

김용옥은 「한겨레신문」 '세월호 참사 특별 기고'에 다음과 같은 글을 실었다.

"1950년 6월 25일, 국민 전체의 안위를 책임지고 있었던 이승만은 새벽부터 전쟁 발발의 소식을 듣고 우선 자기 혼자 도망갈 생각부터 했다. 26일 아침 8시 신성모 국방장관이 방송에 나와 〈국군이 인민군을 물리치고 북진중에 있다〉는 담화를 발표한다. 그런데 27일 새벽부터 비상국무회의가 열렸지만 이승만은 회의에 참석조차 하지 않고 열차편으로 이미 몰래 서울을 빠져나가고 있었다…… 임진왜란이 일어났을 때도 선조는 대책 없이 먼저 도망쳤다……."

막말로 유명한 김용민도 자신의 블로그에 이와 유사한 내용의 「이승만과 6.25」라는 글을 올려 길게 설명하면서 "이승만 대통령은 이 사건만으로도 국부의 권위는 물론, 대통령으로서의 권위마저 상실했다"고 평했다.[2]

과연 이승만은 자기 한 목숨 부지하고자 국민들을 버리고 몰래 도망친 비겁한 파렴치한이었을까?

발레리아누스 1세가 되었어야 했나?

국가원수가 적군이 코앞에 닥치고 여차하면 체포되거나 사살될 수도 있는 상황에서 시민들을 안전하게 피신시킨 후 자신도 피신했어야 한다고 주장하는 사람들의 이야기는 '말 같지도 않은 말'이다. 전쟁과 위급상황에서의 국가원수의 역할과 그가 갖는 위상을 무시한 억지 주장에 불과하다. 국가원수가 적에게 포로로 잡히거나 사살되었을 때 어떤 일이 벌어지는가는 발레리아누스 1세의 예가 잘 보여준다.

로마제국 제33대 황제였던 발레리아누스 1세는 로마 역사상 처음으로 적에게 포로로 잡혀 적들의 구경거리가 되었고, 발레리아누스 1세를 포로로 잡은 페르시아 왕은 말에 올라탈 때면 로마 황제의 목을 발판으로 삼았다고 한다. 이렇게 최고 사령관이 적에게 포로로 잡힌 경우 개인이 당하는 모욕과 수치심은 말할 것도 없거니와 그것이 아군의 사기와 전투력에 미치는 영향은 어떠할까?

위급한 상황이 닥치면 국가원수가 국가의 안위와 정부의 연속성을 위해 긴급피난을 하는 것은 상식 중의 상식이다. 주한 미 대사관의 노블 참사관은 이승만 대통령을 비롯한 장관과 고위관리, 국회의원이 한강을 넘어 피신함으로써 대한민국의 정체를 유지할 수 있었던 것은 후일 대한민국의 생존과 번영을 위해 행운이었다고 말한다. 만약 어물거리다 지체되어 정부 요인이 한꺼번에 인민군의 포로가 되었다면 정부가 와해될 수도 있었다는 것이다.

긴박했던 개전 초기 4일

혼자 살겠다고 국민을 버리고 도망쳤다, 사기 방송이라는 만행을 저질렀다 등등의 비판은 6.25 발발 초기 3~4일 만에 일어난 일들이다. 따라서 사건의 진실을 보기 위해서는 6월 25일 새벽부터 6월 28일까지의 개전 초기 4일간의 이승만의 행적을 살펴보는 일이 필요하다.

1950년 6월 25일 일요일 새벽 4시 북한 인민군이 38선 전역에서 맹렬한 포격을 가한 후 240여 대의 탱크를 앞세워 남침을 했다. 개전과 동시에 인민군은 동해의 정동진 등에 육전대(대한민국의 해병대)를 상륙시켰고, 특수부대원 600여 명을 부산 등 후방기지로 침투시켰다. 다행하게도 특수부대원을 태운 무장 수송선은 해상에서 우리 해군의 백두산함에 발각돼 교전 끝에 격침됐다. 만약 이 무장 수송선을 발견하여 격침시키지 못했다면 부산 등 후방기지가 인민군 특수부대원들에 의해 장악되거나 교란되어 국군의 정비와 유엔군의 상륙 등이 저지됨으로써 전황을 반전시킬 기회조차 얻기 어려웠을 것이다.

6월 25일 아침까지도 이승만은 북한의 남침 사실을 모르고 있었다. 아침을 먹은 이승만은 9시 30분경 경회루(慶會樓)로 낚시를 하러 갔고, 같은 시각 영부인 프란체스카 여사는 어금니 치료를 받으러 치과에 갔다는 사실이 이를 뒷받침한다. 이승만이 북한의 남침에 대해 처음 보고를 받은 것은 낚시를 하던 중인 9시 30분~10시경이었다. 경무대 경찰서장 김장흥 총경으로부터 북한의 남침 상황을 보고 받고 경무대로 돌아왔다.

오전 10시 30분경 신성모 국방장관(국무총리서리 겸임)이 경무대로 들어와 보고드릴 긴급상황이 있다면서 "오전 9시에 개성이 함락되었고, 탱크를 앞세운 인민군이 춘천 근교에 도달했다"고 보고했다.

이 긴박한 상황에서 이승만은 가장 먼저 전쟁의 원칙과 목표를 분명하게 설정한다. '국가 수호를 위한 전쟁목표 4원칙'이 그것이다.

1. 한국에서 일어난 전쟁이 세계대전의 빌미를 제공하는 장(場)이 되어서는 안 된다.
2. 한국민은 모든 국민이 참여하는 총력전을 펼친다.
3. 북한의 불법 남침을 남북통일의 절호의 기회로 삼는다. 해방 후 미·소에 의해 인위적으로 그어진 38선은 북한이 먼저 침범했기 때문에 이제 필요 없어졌다.
4. 위기를 타개하고 북진통일을 위해서는 미국과 유엔의 지원이 필요하다.

이렇듯 해방 후 미국과 소련에 의해 설정된 38선은 북한이 먼저 침략을 했기 때문에 원천무효가 되었으며, 따라서 침략자를 퇴치하고 전 국토를 통일하여 통일 자유민주국가를 수립한다는 원대한 구상을 할 정도로 이승만은 깊은 전략적 안목을 가지고 있었다. 이때 이승만을 만났던 무초 미국 대사는 "대통령은 상당히 긴장한 듯 보였으나 태연한 태도를 잃지 않았다"고 본국에 보고했다.

앉은 채로 꼬박 밤을 새우는 중에도 서울 상공에 인민군의 야크기가 선회를 하고, 그때마다 공습경보가 요란하게 울렸다. 전황이 악화되고 있다는 것을 확인한 이승만은 6월 26일 새벽 3시에 도쿄에 있는 맥아더 사령관에게 전화를 걸어 "당신들 미국의 책임이 막중하니 어서 한국을 구하시오"라며 강력하게 항의했다. 이에 맥아더는 무스탕 전투기 10대, 105mm 곡사포 36문, 155mm 곡사포 36문, 그리고 바주카포를 긴급지원하겠다고 약속했다.

맥아더 사령관과의 전화를 끝내고 이승만은 워싱턴의 장면(張勉) 대사에게 전화를 걸어 "적이 우리 문전에 와 있으며, 미 의회가 승인하고 트루먼 대통령이 결재한 1천만 달러 무기지원은 어떻게 된 것이냐"고 트루먼 대통령에게 전하라고 지시한다.

6월 26일 오후 2시. 이승만은 직접 육군본부와 치안국 상황실로 나가 상황을 보고받는다. 의정부에서 2개 방면으로 방어선을 전개하고 있으나 탱크를 저지하지 못해 계속 뚫리고 있다는 보고였다. 이 보고를 받은 이승만이 경무대로 돌아올 때 서울 상공에는 인민군의 야크기가 맴돌고 있었고, 그때마다 대통령과 프란체스카 여사는 방공호로 들어가야 할 정도로 상황은 긴박했다.

대통령의 피난 문제가 처음 거론되기 시작한 것은 6월 26일 밤이었다. 서울의 관문인 의정부가 이날 오후 2시 40분경 인민군에게 점령당하자 정부 각료들이 대통령의 피난 문제를 거론했던 것이다. 6월 26일 밤 9시 김태선 서울시경 국장이 경무대로 와서 "서대문 형무소에 갇혀 있는 수천 명의 공산분자들이 탈옥하면 제일 먼저 경무대로 올 것이므로, 일시 피난을 해서 전쟁의 전반을 지도해야 한다"고 보고했다.[3]

자정을 넘겨 막 잠자리에 들었던 6월 27일 새벽 2시. 신성모 국방장관, 이기붕 서울시장, 조병옥 등이 경무대로 급히 찾아 왔다. 그들은 "각하 사태가 급박합니다. 빨리 피하셔야겠습니다"라면서 간곡하게 건의를 했다. 그러자 이승만은 "안 돼! 서울을 사수해야 돼! 나는 떠날 수 없어!"라고 말하고는 문을 쾅 닫으며 방으로 들어가버렸다. 뒤따라 들어간 프란체스카 여사가 "국가원수에게 불행한 일이 생기면 더 큰 혼란이 발생하고 대한민국의 존속이 어렵게 된다. 그러니 일단 수원까지 내려갔다가 곧 올라오는 게 좋겠다"고 간절하게 부탁했다. 이 말에 이승만은 누가 그런 소리를 하느냐며 "절대 떠나지 않겠다"고 고함을 질렀다.[4]

그때 경찰간부 한 사람이 들어와서 적의 탱크가 청량리까지 들어왔다는 메모를 전했다. 인민군의 탱크가 청량리까지 들어왔다면 더 이상 지체할 수는 없는 상황이다. 그러자 할 수 없이 이승만은 남하를 하기로 결정하게 된다. 물론 인민군의 탱크가 청량리까지 들어왔다는 정보는 사실이 아니었고, 대통령의 남하를 재촉하려는 참모들의 꾀였다고 한다. 6월 27일 새벽 3시 30분, 이승만은 기관차와 3등 객차 2량으로 만들어진 특별열차에 탑승하여 남하하기 시작한다. 금고를 탈탈 털어도 5만 원밖에 없었고, 옷가지도 챙기지 못했으며, 특별열차는 차창이 깨지고 좌석의 스프링이 튀어나와 있었다고 한다. 당시의 긴박했던 상황을 잘 보여주고 있다.[5] 전쟁이 발발하자 혼자 도망 갈 생각부터 했다는 말과는 전혀 어울리지 않는 상황이다.

기차는 오전 11시 40분 대구에 도착했다. 이승만은 여기가 어디냐고 물어본 뒤 자기 평생 처음으로 판단을 잘못해서 여기까지 오게 되었다면서 곧바로 기차를 돌려 서울로 올라갈 것을 명한다. 대구에 잠시 머물렀던 기차는 12시 30분 서울 방향으로 되돌아갔다. 서울이 아직 점령되지는 않았지만, 위험하다는 보고를 받은 대통령은 "수원까지만 가면 서울에는 자동차로 갈 수 있겠지……"라며 조바심을 냈다.

기차가 대전에 도착하자 소식을 들은 윤치영과 허정이 왔고, 그들은 서울이 이미 점령당했으니 더 이상의 북상은 안 된다고 만류했지만, 이때까지도 이승만은 서울행을 고집하고 있었다. 잠시 대전역 사무실에서 쉬고 있는데 신성모 국방장관으로부터 전화가 왔다. 신 장관은 서울이 적의 수중에 들어갔으니 더 이상 북상하지 말라고 했다. 그러나 대통령은 고집을 꺾지 않고, 수원까지라도 가야겠다고 했다.[6] 사실 그때까지 서울은 점령되지 않은 상태였지만, 거짓말을 한 것은 역시 더 이상의 북상을 막으려는 참모들의 꾀라고 해야 할 것이다.

이때 미 대사관의 드럼라이트 참사관이 사무실로 찾아왔다. 그는 유엔이 대북 군사제재를 결의했고, 트루먼 대통령이 해·공군 출동 및 대한(對韓) 무기원조 명령을 내렸다고 전했다. 암담했던 분위기는 이 소식으로 활기를 되찾았고 이승만 대통령은 그제야 북상을 단념하고 정부를 대전으로 옮기기로 결정했다.

그날 밤에 무초 미국 대사가 이승만을 찾아왔다. 무초 대사는 '하느님이 한국을 버리지 않았다'며 "전쟁은 이제부터 당신의 전쟁이 아니라 우리의 전쟁이 되었다"면서 미국의 적극 참전 방침을 설명했다. 이 말에 힘을 얻은 이승만은 국민을 안심시키고 국군의 사기를 북돋우는 방송을 해야겠다고 생각했다. 공보처장과 상의한 후 서울중앙방송국으로 전화를 해 6월 27일 밤 10시에 방송을 하기로 했다. 내용은 "유엔과 미국이 우리를 도와 싸우기로 했다. 지금 공중과 해상으로 무기, 군수품을 날라와 우리를 돕기 시작했으니 국민들은 고생이 되더라도 굳게 참고 있으면 적을 물리칠 수 있으니 안심하라"는 취지였다.

이승만은 북한과 대한민국의 군사력 차이를 몰랐을까?

개전 초기 국군은 인민군의 파죽지세와도 같은 공격에 속수무책으로 당했다. 이렇게 초기 전황이 어렵게 전개된 이유는 미국의 전략적 판단착오와 UN의 지시를 모범적으로 따른 결과였다. 미국은 한국과 같이 산악이 많은 지형에서는 탱크를 쓸 수 없다고 판단하여 탱크는 물론이고 대전차무기조차 공급하지 않았다. 또 미국은 이승만이 수차에 걸쳐 요구했던 적정한 무장지원을 도외시했다.

또한 대한민국 국군은 무장도 열세였을 뿐만이 아니라 UN의 지시에 따라 방어적으로만 조직되어 있었다. 6.25 발발 이틀 전 한국 주재 UN위원단은 38선을 따라 정기적인 시찰을 한 후 뉴욕 본부에 다음과 같은 보고서를 보냈다. "38선을 따라 이루어진 현장 조사 후에 관측자들이 받은 주된 인상은 남한군은 전적으로 방어를 위해 조직되어 있고 북한군에 대해 공격을 감행할 수 있는 조건이 전혀 갖추어져 있지 않다."[7] 반면 북한은 3년 동안 치밀하게 준비해왔고, 공격 직전 몇 개월 동안 남침을 위해 전진 배치된 압도적인 군사력으로 남한을 공격, 그것도 기습공격을 한 것이다. 전쟁 발발 초기 속수무책으로 당할 수밖에 없었던 상황이었다.

이승만은 이런 상황을 몰랐을까? 이승만은 수시로 '북진통일'을 외쳤다. 이로 인해 좌익세력들로부터 호전광이라는 비난도 들었고, 나아가 일부 좌익세력과 좌편향 학자들에 의해 대한민국이 먼저 북침을 했다는 북침설의 배경으로 이용되기도 했다. 하지만 이승만은 북한의 군사력과 남한의 군비 상황에 대해 비교적 상세히 파악하고 있었다. 6.25 발발 이전에 이승만이 쓴 편지의 내용은 이렇다. "저들 북한은 시종

일관 우리보다 잘 준비되어 있고 우리보다 사거리가 긴 포와 소총을 갖추고 있소." 그럼에도 불구하고 이승만이 북진통일을 외쳤던 이유는 "한국민의 정치적 정신적 결집을 강화하고 사기와 전의를 북돋워주기 위해" "북한과의 정통성 경쟁에서 우위를 점할 수 있는 선전도구"로서, 그리고 "미군 철수가 감행되는 시점에서 그것을 늦추거나 철군에 따른 보상과 보장을 받기 위해 한반도의 긴장을 높일 필요"가 있었기 때문이라는 분석이다.[8]

그 속내야 무엇이 되었든 이승만은 북한이 장시간 잘 준비한 상태이며, 대한민국은 이에 대해 제대로 대항하지 못할 것이라는 점을 잘 알고 있었다. 그래서 그는 가능한 한 미군의 철수를 늦추고자 했으며, 철군에 따른 군비확충을 서둘렀지만 미국의 비협조 등으로 뜻을 이루지 못한 상태였다. 이렇게 상황을 잘 알고 있었던 이승만이 비겁자이며 파렴치한이라면 전쟁 발발 소식을 듣자마자 도망을 쳐야 마땅할 것이다.

그런데 그는 그렇게 하지 않았다. 이승만은 전황이 명백히 불리해지고 적기가 서울 상공을 선회하는 중에도 맥아더 사령관에게 지원을 요청하고 트루먼 미국 대통령에게서 무기 지원을 받아내려고 노력했다. 또 육군본부 등을 직접 방문하여 전황을 보고받는 등 상황파악과 대응책 마련에 부심하고 있었다.

서울로, 서울로!

이승만은 가능한 한 끝까지 서울을 사수해보려고 노력했다. 그는 급히 맥아더 사령관에게 지원을 요청했고 미국에 대해 군수지원을 요구했다. 서울의 관문이라 할 수 있는 의정부가 뚫렸다 해도 그는 움직일 생각이 없었다. 결국 광화문에서 지척 거리에 있는 청량리에 인민군 탱크가 들어왔다는 소식을 접하고서야 어쩔 수 없이 움직일 수밖에 없었다.

대구까지 남하했던 이승만은 평생 처음으로 판단을 잘못했다며 서울로 돌아갈 것을 명령한다. 대전으로 와서 서울이 위험하다는 보고를 받고도 서울행을 고집한다. 서울이 적의 수중에 들어갔다는 보고를 받은 후에도 서울서 가장 가까운 수원행을 고집한다. 후에 대전이 위험해졌을 때 미 대사관 1등 서기관 노블이 대전 이남으로 옮겨야 한다고 했을 때도 이승만은 "대전에서 죽는 것이 낫지 더 이상 남하하여 경멸을 당하지 않겠다"며 대전 사수를 고집했다. 그러면서 그는 유언과도 같은 메모를 쓴다. "죽음이 결코 두려운 것은 아니다. 다만 어떻게 죽느냐가 문제다. 나는 자유와 민주 제단에 생명을 바치려니와 나의 존경하는 민주 국민들은 끝까지 싸워서 남북통일을 이룩해야 할 것이다." 이승만을 다시 찾은 노블이 애원에 가까운 설득을 하고, 신성모 장관 등 각료들이 울음 섞인 목소리로 남하를 건의하고서야 남하를 결정한다.

이렇듯 이승만 대통령이 전선에 근접해 있고자 했던 이유는 두 가지로 생각할 수 있다. 하나는 최고사령관이 전선 가까이에 있어야 국민의 동요를 막고 악전고투하고 있는 국군들의 사기를 북돋우고, 그래서 극단적 열세에서나마 버틸 수 있지 않을까 하는 것이다. 다른 하나는 미국 등 유엔에 대한 참전 촉구 때문이었을 것이다. 침략을 받은 국가의 원수가 긴박한 위험에 처해 있다는 상황은 미국과 유엔으로 하여금 서둘러 참전을 하게 만드는 도화선으로 활용할 수 있다. 노련한 외교가이며 국제정치학 박사인 이승만으로서는 충분히 해볼 수 있는 시도였을 것이다.

트루먼 대통령은 전쟁 발발 사흘 만인 6월 27일 일본의 맥아더 사령관에게 한국을 도우라는 명령을 내린다. 거의 같은

시간 유엔안전보장이사회도 북한을 침략자로 규정하고 유엔군을 편성하여 공산군을 저지하기로 결의했다.[9]

이러한 구상을 했을 것이라는 정황은 앞서 언급했던 '국가수호를 위한 전쟁목표 4원칙'에서 엿볼 수 있다. 네 번째 원칙이 "위기를 타개하고 북진통일을 위해서는 미국과 유엔의 지원이 필요하다"였다. 이승만은 기습남침을 당한 위기 상황에서도 미국과 유엔의 지원을 이끌어내고, 통일을 달성하는 기회로 활용하겠다는 대담한 구상을 하고 즉각 실행에 옮기는 사람이었다.

그는 국제정세와 미래를 내다보는 혜안을 가지고 있었다. 1950년 7월 11일 자유중국(대만)이 2만~2만 5천 명의 군인을 파견할 용의가 있다고 참전의사를 밝힌다. 단 한 명의 병사라도 아쉬울 판국인데도 이승만은 이 제안을 정중히 거절한다. 왜 그랬느냐는 프란체스카 여사의 물음에 이승만은 "중공군을 내 손으로 불러들일 수는 없잖아"라고 대답을 했다. 이승만은 적을 보자 허둥지둥 꼬리를 감추고 도망갈 그런 졸장부가 아니다.

나보고 한반도를 떠나라고? 여기서 죽을 것이오!

윌리엄 딘 장군의 대전 방어가 실패로 돌아가자 임시수도를 대구로 옮길 수밖에 없게 되었다. 이때 무초 미국 대사는 정부를 더 멀리 제주도로 이전할 것을 권고한다. 제주도가 적의 직접 공격으로부터 거리를 두고 있고, 설혹 한반도 전체가 공산화되더라도 망명정부를 존속시킬 수 있는 곳이라는 이유를 들었다.

이 말을 들은 이승만은 주머니에서 권총을 뽑았다. 순간 무초 대사는 입이 굳고 얼굴색이 하얗게 질렸다. 이승만은 권총을 아래위로 흔들면서 이렇게 말했다.

"만약 공산군에게 포위당한다면 나와 내 아내는 이 총으로 자결할 것이오. 우리는 정부를 한반도 밖으로 옮길 생각은 조금도 없소. 우리 모두는 함께 일어나 싸울 것이오. 결코 도망치는 일은 없을 것이오."

긴장한 무초 대사는 더 이상 아무 말도 못 하고 혼비백산하여 돌아갔다.[10]

이승만은 비겁자?

인민군의 야크기가 서울 상공을 장악하고 있어도 본인이 직접 전황 보고를 살피러 다녔던 이승만이다. 격추당할 위험이 매우 큼에도 불구하고, 또 야크기 두 대의 추격을 받았음에도 불구하고 위험천만한 저공비행을 하며 전황을 살피기 위해 수원에 오는 맥아더 사령관을 만났던 이승만이다. 맥아더가 한창 모내기를 하고 있던 논의 못자리를 발로 밟고 있다고 지적을 하는 여유를 부리던 이승만이다.

미국이 휴전으로 방향을 잡자 이승만 대통령은 트루먼 대통령에게 다음과 같은 편지를 보낸다. "전쟁 이전의 상태로 돌아가 적이 전열을 재정비하고 재훈련하고 재무장하여 적절한 시기를 택하여 다시 공격하도록 말미를 준다는 것은 극히 어리석은 일이 될 것입니다. 한국의 가슴속에 부자연스럽게 자라난 악성종양인 제국주의 침략이라는 암을 영원히 도려낼 시간이 찾아온 것입니다." 이런 편지를 보내고 휴전을 결사반대하면서 단독으로라도 북진통일을 하겠다고 주장하면서 목숨까지 걸었던 이승만이다. 목숨까지 걸었다는 것은 다음과 같은 이유 때문이다.

1952년 대선에서 아이젠하워가 대통령이 되고 미국은 이승만 제거계획을 은밀히 추진했다. 미국은 한국의 모(某) 장군을 동원, 이승만 제거작전을 세웠지만, 실패했다. 이승만 대통령은 미국의 전후정책 수행에 치명적인 장애물이었던 것이다. 미국의 이익을 위해 휴전조인을 강행할 경우 이승만이 단독 북진한다면 휴전은 깨지게 된다.[11]

게다가 휴전협정 조인 한 달 전 이승만은 반공포로를 석방함으로써 세계를 놀라게 했다. 당황한 미국은 이승만을 달래기 위해 부랴부랴 미국으로 초청했지만, 그는 자신은 갈 수 없다며 국무장관을 보내라고 요구한다. 미국은 어쩔 수 없이 국무차관보를 보냈고, 이를 통해 이승만은 휴전 수락 조건들을 제시하고 수락을 받아낸다. 그 조건은 이렇다.

1. 한미방위조약 체결
2. 장기 경제원조 및 첫 조치로 2억 달러 공여
3. 한국군 증강 원조 지속
4. 한미고위급회담 정례화[12]

등이다. 적을 보자마자 꼬리를 사리고 도망가는 비겁자가 위험을 무릅쓰고 전황을 살피고 우방의 사령관을 만나러 다닐 수 있을까? 또 그런 사람이 자신의 생명을 건 정치적 도박을 할 수 있을까? 국민을 버리고 제 한 몸 살겠다고 도망치는 파렴치한이 생명까지 걸린 커다란 위험을 감수하면서도 한미방위조약 등 향후 대한민국의 안보를 반석 위에 올려놓는 위대한 구상을 하고 그것을 현실로 만들 수 있을까?

건국 대통령 우남 이승만은 '대한민국의 정통성을 부정하고 대한민국 죽이기'에 나선 일부 세력들이 왜곡하고 비틀어서 억지로 만들어낸 그런 허접한 인물이 아니다.

주

1 https://www.youtube.com/watch?v=ea7qFHaeQEo
2 http://newstice.tistory.com/643
3 김용삼, 『이승만의 네이션빌딩』, 북앤피플, 2014, 297~298쪽.
4 프란체스카, 『프란체스카의 난중일기—6.25와 이승만』, 2011.
5 같은 책.
6 김용삼, 앞의 책, 『이승만의 네이션빌딩』, 북앤피플, 2014, 302쪽.
7 로버트 T. 올리버, 한준석 옮김, 『이승만의 대미투쟁』 하권, 비봉출판사, 2013, 436쪽.
8 김용삼, 앞의 책, 『이승만의 네이션빌딩』, 북앤피플, 2014, 272~273쪽.
9 이주영, 『이승만 평전』, 살림, 2014, 98쪽; 김용삼, 『이승만의 네이션빌딩』, 북앤피플, 2014, 304~306쪽.
10 프란체스카, 앞의 책, 『프란체스카의 난중일기—6.25와 이승만』, 2011.
11 인보길 엮음, 『이승만 다시보기』, 기파랑, 2011, 55쪽.
12 같은 책.

참고문헌

김용삼, 『이승만의 네이션빌딩』, 북앤피플, 2014.

로버트 T. 올리버, 한준석 옮김, 『이승만의 대미투쟁』 하권, 비봉출판사, 2013.

이주영, 『이승만 평전』, 살림, 2014.

인보길 엮음, 『이승만 다시보기』, 기파랑, 2011.

프란체스카, 『프란체스카의 난중일기—6.25와 이승만』, 2011.

https://www.youtube.com/watch?v=ea7qFHaeQEo

http://newstice.tistory.com/643

제2부

청소년, 청년용 사기극 폭로하기

남한만의 단독정부를 수립한 이승만은 분단의 원흉?

그럼 1년 전에
정부를 조직한 북쪽은 대체 뭐죠?

– 남정욱(작가, 前 숭실대 교수)

1.

박정희에 대해서는 나름 전향적인 태도를 보이는 사람들조차 이승만에 대해서는 결사적으로 완고하다. 그 사람, 이미 역사적으로 평가가 끝난 인물 아니에요? 되묻는다. 역사적인 평가가 끝났다니 이 무슨 겸허하지 못한 발언인가. 기원전 3~2세기의 100여 년 동안 로마와 카르타고 간에 벌어진 전쟁을 포에니 전쟁이라는 이름으로 묶게 된 것은 그 한참 후의 일이고 그리스 내전을 다룬 투키디데스의 펠로폰네소스

전쟁사는 중국이 부상하면서 다시 주목을 받았다. 이런 상황에서 역사까지 들먹이며 평가가 끝났네 어쩌네 하는 것은 심각한 역사 조급증이 아닐 수 없다. 당대의 사건이 지니는 의미는 대부분 훨씬 나중에 밝혀진다. 그 사건이 가져온 모든 파장이 완결된 후에야 그 사건은 온전한 역사가 되는 것이다(해서 역사의 반대말은 '기억'이다. 기억은 불분명하고 불완전하며 편파적인데다가 자기중심적이다. 어떤 사실이 역사가 되기 위해서는 일단 그 사실을 기억하는 사람들이 다 세상을 뜨고 없어야 한다. 해서 현재는 대략 50~70년 전 정도까지를 의미하고 그 이후에 역사가 된다).

이들은 단지 이승만의 모든 것이 싫은 것이다. 그래서 이승만의 독립운동조차도 오로지 사리사욕의 영역으로 간주한다. 무장 독립운동에 대해 반대했다는 사실은 이런 분들에게 절호의 찬스다. 이승만은 이렇게 말했다. "얼마 안 되는 무력을 써버려 장래에 원기를 다 탕비해놓고 앉아 만 리같이 창창한 독립운동의 길을 어찌하고자 하느뇨." 얼핏 들으면 김을 빼는 발언이다. 그러나 독립운동은 말로, 기개로, 의지로 하는 것이 아니다. 이승만은 왜 무장 독립운동에 반대했는가. '1818중립법'이라는 것을 들어본 사람이라면 이승만 노선에 대해 고개를 끄덕일 수밖에 없다. 다음은 김학은 교수의 글에 나오는 내용이다. 1818 중립법은 1818년 4월 20일 미국 의회를 통과한 법률이다. 이 법의 요지는 다음과 같다.

1) 미국과 평화 관계에 있는 외국 군주의 영토나 지배자를 목표로 그곳에서 수행하려는 어떠한 군사적 원정이나 계획을 시작하거나 착수하거나 그 수단을 제공하거나 준비하는 자는 유죄다.
2) 미국 관할 내에서 외국 군주, 식민지, 지역, 또는 국민에 봉사하기 위한 임관을 수락하거나 이의 사령을 한 모든 미국 시민은 중한 범죄를 범한 것으로 간주한다.
3) 모병하거나, 스스로 입대하거나, 입대할 의도로 관할권을 벗어나는 타인을 고용하거나 구하려는 자는 유죄다.
4) 어떤 선박의 장비를 갖춰 무장시키는 자, 이를 시도하는 자, 또는 설비하거나, 개조하거나 무장하는 데 고의적으로 관여하는 자는 유죄다.
5) 이러한 군함, 순양함, 기타 무장 선박의 화력을 증대·증강시키는 자, 증대되거나 증강하도록 조달하는 자, 또는 증대시키거나 증강시키는 데 고의로 관여한 자는 유죄다.
6) 세관원은 명백히 군사목적으로 건조됐거나 장비를 갖춘 모든 선박은 압류한다.

정리해보자. 당시 일본 국왕은 미국과 평화관계에 있으므로 그를 목표로 한 군사적 행동은 안 된다는 것이다. 당연히 군사를 모으는 것도 불가다. 훈련 시켜도 싣고 갈 수가 없다. 아무런 대안이 없는 것이다. 미국은 왜 이런 법을 통과시켰을까. 미국은 여러 민족이 모여 있는 나라다. 민족마다 자기 사정을 내세워 군대를 만들 수 있도록 허용하면 미국이라는 나라의 단결이 깨진다. 그게 이유였던 것이다. 게다가 당시 미국에는 나라가 없는 민족이 우리뿐이 아니었다. 아일랜드 민족, 체코 민족, 슬로바키아 민족, 아르메니아 민족, 폴란드 민족, 헝가리 민족 등이 나라 없는 설움을 겪고 있었다. 그럼 방법은 하나뿐이다. 모병금지법을 채택하지 않은 국가를 골라 무장 투쟁을 모색하는 것이다. 소련과 중국이 일차 후보였다.

그러나 국제정치의 냉혹함과 국가 이기주의는 두 나라라고 다를 까닭이 없었다. 법으로 금지하지만 않았을 뿐 사정은 크게 다르지 않았다는 얘기다. 실제로 소련은 제1차 세계대전 와중에 소련에 주둔하던 체코슬로바키아 군단의 무장해제를 명했다. 중국도 만주에 있는 조선인에게 그다지 우호적이지 않았다. 결정적으로 당시 대부분의 유럽 국가는 식민지를 가지고 있었고 가재는 결국 게 편인 것이 세상의 인심이었다. 이 상황에서 무장 독립투쟁은 전망이 없는 단기적 이익을 노린 기회주의에 불과했다. 이승만이 외교독립론을 주창한 까닭이다.

2.

이승만 폄하 주장은 분단 책임론으로 이어진다. 이 책임론의 앞부분에는 미국 책임론이 먼저 등장한다. 미국이 군사 분계선으로 38선을 확정한 것은 사실이다. 물론 이에 동의한 소련의 책임도 있지만 먼저 제의한 것은 부정할 수 없는 일이다. 사실 한반도의 분할 논의는 오래전부터 주변 강대국들 사이의 협상 단골 메뉴였다. 힘의 균형이 팽팽해 사태 해결의 실마리가 보이지 않으면 어김없이 조선의 분할이 식탁 위로 올라왔다. 1593년 도요토미 히데요시는 임진왜란 중 명나라에 「국서」를 보내 조선 분할을 타진했다. "조선 8도 중 남쪽 4도를 우리에게 준다면 전쟁을 그치겠다." 1894년에는 영국 외무장관 존 킴벌리가 청나라와 일본에게 서울을 경계로 조선을 나눠 가지면 어떻겠냐고 제안했다. 1896년 일본 특사 야마가타 아리토모는 러시아에게 39도 선을 경계로 조선을 쪼개자고 제의했다. 1903년에는 주일 러시아 공사 로마노비치 로젠이 일본에 한반도 분할을 요청했다. 정말 짜증난다. 우리는 완전히 '밥'이었다. 홍어 생식기의 가치에도 미달하여 그것의 열 배는 만만한 게 조선이었고 그 불쌍한 땅은 당시 주변국들이 필요에 따라 나눠 갖는 깍두기 같은 존재였다. 하긴 피터지게 싸우느니 그 편이 외교적으로 아름답긴 했을 것이다. 그게 현실이 된 것이 1948년 분단인 것이다.

분단과 관련된 1948년 이전 상황을 간략하게 살펴보자. 1943년 무렵 연합국측은 전쟁이 승리로 끝날 것이라는 확신을 가지게 된다. 종전 이후의 상황을 논의하기 위해 연합국 대표들이 모인 것이 1943년 카이로 회담이다. 여기서 한반도 문제가 처음 논의된다. 결론은 "전쟁이 끝난 다음 조선을 바로 독립시키지 않는다. 대신 신탁통치를 실시한다"였다. 다른 사안도 많은데 오래 다루지도 않았을 것이다. 뭐 영양가 있는 나라라고.

1945년 얄타 회담에서도 조선 문제가 나왔지만 결론은 예전 의결안 그대로 통과. 아, 조금 논의가 발전된 내용도 있다. 신탁 통치 기간이다. 루스벨트는 한 20~30년 어때? 라고 말했고 스탈린은 좀 길지 않아? 대꾸했다. 루스벨트 발언의 20~30년은 나름대로 계산의 결과가 아니라 무관심이 그 본질이다. 어쩌면 한 100년 어때, 말하고 싶었을지도 모르겠다. 회담 말미에 루스벨트는 일본이 극성스럽게 버티니 독일이 항복해서 여유가 생기면 대일본전에 참전해달라고 요청한다. 스탈린은 독일이 항복하면 두 달 후에 참전하겠다고 약속한다. 1945년 5월 독일이 항복한다.

그사이 미국의 사정에 변화가 생겼다. 원자폭탄 실험에서 성공을 한 것이다. 굳이 대일전에 소련을 끌어들일 필요가 없어졌다. 그렇다고 지난번에 말한 거 없었던 일로 해도 돼, 하기는 좀 그랬겠지만. 8월 6일 히로시마에 원자폭탄 '리틀 보이'가 떨어진다. 다음 투하 계획은 8월 9일이었다. 스탈린은 다급해졌다. 8월 9일에 2차 폭탄이 떨어지고 바로 일본이 항복을 해 버리면 자기들의 주장할 몫이 줄어들 것이 뻔했기 때문이다. 스탈린은 이미 항복을 준비 중인 일본에 서둘러 선전포고를 한다. 8월 8일의 일이다. 말은 이랬을 것이다. 약속대로 독일 항복 후 두 달 후 참전했음. 8월 9일 나가사키에 원자폭탄 '팻 맨'이 떨어지는 동안 소련군은 외몽고, 만주, 한반도 동북단, 남부 사할린, 쿠릴 열도 등에서 파죽지세로 밀고 내려왔다. 일본은 독일의 경우처럼 분단만은 막아야 한다는 절박함에 8월 10일 전격 항복한다.

초조해진 것은 미국이다. 소련의 진격이 예상보다 훨씬 빨랐던 것이다. 소련이 한반도를 단독으로 점령하는 사태를 막기 위해 미국은 8월 11일 '일반명령 1호'를 공표하고 소련, 영국, 중국 등에 통보한다. 정확히는 미국이 아니라 연합국 사령관의 명령이 일본군 대본영을 통해 자국 군대에 하달됐다. '일반 명령 1호'의 내용은 38선을 경계로 미군과 소련군이 한반도를 분할 점령하는, 그러니까 38선 이북의 항복은 소련이 받고 그 밑으로는 미군이 일본으로부터 받는 것을 포함하고 있었다. 공표를 통보해놓고 미국은 속을 태웠다. 스탈린이 웃기시네 싫어, 하면 그냥 끝나는 문제다. 뭘 그리 바쁘게 오나, 일단 내가 항복은 다 받아놓을게, 하면 소련을 상대로 전쟁을 하지 않는 이상 되돌리기 어려운 것이다.

놀라운 일이 벌어진다. 스탈린이 미국의 제안을 전격 수용한 것이다. 대신 일본 홋카이도 북부 지역을 소련이 점령할 수 있도록 해달라고 조건을 단다. 미국은 거부한다. 겨우 며칠 전쟁을 해놓고 점령군 행세가 너무 심하지 않느냐는 강공을 편다. 스탈린은 더 이상 우기지 않는다.

8월 6일부터 8월 11일까지 6일 동안, 일주일도 채 못 되는 사이에 절묘한 드라마가 펼쳐졌다. 분단의 책임은 누구에게 있는가. 일차적으로 미국이다. 그럼 미국은 악의에 넘쳐 한반도의 분단을 획책했는가. 바보가 아니라면 다 안다. 분단은 전쟁 말미에 벌어진 냉혹한 국제정치의 피할 수 없는 산물이었다. 소련은 미국의 제안을 받아들였다. 공범이다. 다음은 분단을 제안했더라도 이를 협상으로 되돌리려 했으니까 이를 깬 나라들이 책임을 져야 한다. 미국, 소련의 공동책임이다.

오해를 피하기 위해 몇 가지만 덧붙이자. 남쪽에 미군이 북쪽에 소련이 진주했다고 해서 바로 그게 분단으로 이어지는 건 아니다. 군사 분계선이 바로 국토 분단선은 아니라는 얘기다.

원로 학자인 양동안 선생에 따르면 군사 분계선이 어떤 특정 국가의 국토에서 활동하는 외국 군대들 간의 군사 활동 분계선으로만 멈추고 해당 지역 거주민들의 생활이나 정치활동의 분리선으로 변질되지 않는 한 그것이 바로 국토 분단을 가져오지는 않는다. 제2차 세계대전 종전 직후 서독 지역에 그어진 미·영·불 3개국 간의 군사 분계선은 분단으로 이어지지 않았다. 오스트리아의 미·소·영·불 4개국 군사 분계선도 말 그대로 군사 분계선으로 끝났다. 군사 분계선이 국토의 분단을 초래하는 것은 외국 군대가 이 군사 분계선을 기준으로 자기들이 관할하는 지역 주민의 삶을 나머지 지역과 확연하게 갈라놓을 때다.

미국이 38선을 순수한 군사 분계선으로 유지한 반면, 소련은 이 선을 통치 분계선으로 바꿔놓았다. 통신과 교통이 끊겼다. 남쪽으로 내려올 수도 올라갈 수도 없었다. 소련은 김일성을 앞세워 토지 개혁을 시행했고 산업을 국유화했으며, 교육 정책을 새로 올렸고 주민 사상 개조 운동을 실시했다. 남쪽의 주민과 북쪽 주민의 생활은 완전히 달라졌다.

미국은 통신, 교통의 재개와 주민의 자유왕래를 요청했으나 보기 좋게 거절당했다. 그 땅에 대한 물리적인 지배를 원하는 점령국과, 땅에 대한 물리적인 욕심이 없는 나라 사이의 차이였다. 군사 분계선은 어느 사이 통치 분계선으로 바뀌었다. 오로지, 변명의 여지없이 철저하게 소련의 성과(!)다.

미국이 남한을 군사기지화하려 했다는 주장이 있다. 복잡하게 사실 관계를 따질 필요도 없는 문제다. 일단 당시 제국주의 세력은 영토 접수가 공리적으로 타당하지 않다는 사실을 간파했다. 그들에게 필요한 것은 시장이었지 영토가 아니었다. 경제적으로 자립한 나라에서 자신들의 상품을 구매해주길 바랐지 그 나라에 공장을 세워 물건 만들 생각은 안 했다.

제1차 세계대전 종전 후 독일에 엄청난 배상금을 안기는 문제에 대해 케인스는 독일의 구매력이 떨어지면 이웃 나라들의 매출까지 동반하락한다는 이유로 반대했다. 그 주장이 받아들여진 것이 제2차 세계대전 후의 마셜 플랜이다. 독일 시장을 살리는 것이 유럽 경제를 살리는 일이었다. 식민지를 독립시키고 그 식민지가 자립할 수 있도록 해주자는 주장은 휴머니즘의 발상이 아니라 철저한 국가 이익의 논리였던 것이다.

애덤 스미스는 "아메리카 대륙을 독립시키면 대영제국은 그의 평화를 유지하는 데 드는 비용에서 헤어날 수 있을 뿐만 아니라 모든 사람에게 혜택이 돌아가는 자유 통상으로 평화를 이룩할 것이다"라고 경제학적인 진단을 내렸고, 벤담은 같은 이유로 영국을 필두로 하여 모든 식민 모국이 과감하게 식민지를 청산할 것을 철학적인 논지에서 설파했다. 총칼 들고 쳐들어가서 식민지를 세우는 것은 그리스·로마 시대에나

통용되는 낡은 발상이란 이야기다.

그래서 그들은 유감없이 떠났다. 1949년 6월 29일 미국은 홀가분하게, 오로지 시원하게 한반도에서 발을 뺐다. 여기에 무슨 식민지 건설이니 군사기지화니 같은 이야기가 끼어들 틈이 있다는 말인가. 오히려 붙잡아야 할 사람은 남한이었다. 미국이 그대로 주둔하고 있었더라도 6.25가 터졌을까.

미국의 남한만의 단독정부 수립을 획책했다는 주장도 있다. 획책은커녕 저지하려고 노력했다. 미국은 단독정권을 수립하려는 이승만과 김구를 정계에서 빼버리고 싶었다. 그래서 이승만과 김구를 대체할 수 있고 공산당과도 타협적으로 잘 지낼 수 있는 제3의 중도 세력을 육성하려고 갖은 노력을 다 했다. 좌우합작 종용, 조미위원회, 과도입법의원 등이 그 노력의 산물이다. 1947년 4월에는 이승만을 연금까지 시켰다. 미국이 입장을 선회한 것은 제2차 미소공위가 결렬에 빠진 1947년 9월 이후다. 이런데도 미국의 남한 식민지론을 주장하는 사람들은 세계사의 흐름에 완벽하게 무지하거나 역사적 사실들을 입맛에 맞게 재단하려는 악질적인 선동일 뿐이다.

3.

드디어 이승만의 정읍 발언 차례다. 단독정부 수립을 공식적으로 주장했다는 문제의 발언이다. 그런데 실은 이전에도 같은 내용의 발언이 여러 차례 있었다. 이승만의 정읍 발언은 아시다시피 6월 3일이다.

그러나 그보다 앞선 5월 8일, 이미 같은 요지의 발언을 던진 바 있다. 3만여 명이 모인 목포 산수초등학교 연설에서 이승만은 남조선에 단독정부를 세우는 문제를 공식적으로 언급한 것이다. 당시 현장을 취재한 「청년해방일보」는 이렇게 보도하고 있다.

"이승만은 자신의 주장을 하지 중장에게 전하여 자기 소망이 관철되지 않으면 미소공동위원회는 결렬되고 공동위원회가 결렬되면 남조선에 단독정부를 세워 병력으로써 38선을 깨뜨리고 소련군을 내어쫓고 북조선을 차지하겠다는 주장을 펼쳤다."

거의 한 달 앞서 야욕(!)을 드러낸 발언을 무려 3만여 명 앞에서, 그것도 소련군 퇴치와 북진통일까지 섞어 공언한 것이다. 이 발언이 문제가 되지 않은 이유는 당시 미소공위가 한참 진행 중이라 언론의 주목을 받지 못했기 때문이다. 당시 상황을 좀 더 들여다보자.

이승만의 단독정부 수립 발언은 이른바 남선순행(南鮮巡行)으로 알려진 1946년 4월부터 6월까지의 지방 순회 여행에서 나왔다. 이 남선순행은 이승만의 정치적인 기반이 강화된 결정적인 사건으로 처음 이승만은 암살 위험을 이유로 여행을 꺼렸다. 실제로 그가 서울을 떠난 직후인 4월 19일 대전에서 이승만 암살 사건을 음모한 범인 7명이 체포되기도 하였다. 4월 15일 서울을 출발한 이승만은 충청남도·경상남북도·전라남북도순으로 반탁 강연을 이어나갔다. 이승만의 남선순행은 예상보다 훨씬 많은 성과를 거두었다. 일단 그의 방문을 계기로 지방의 우익들이 결집했고 독촉국민회 지회가 연달아 결성되었기 때문이다.

결성된 지회들은 모두 이승만의 정치적인 기반이 되었다. 남선순행은 두 단계로 나뉜다. 4월 15일부터 5월 9일까지 제1차, 6월 3일부터 9일까지 제2차다. 중간의 공백은 미소공위 무기 휴회에 대한 대책을 협의하기 위해 급히 상경한 기간이다. 상경한 다음 날인 5월 10일, 이승만은 서울에서도 같은 요지의 발언을 했다.

「동아일보」 1946년 5월 12일자를 보면 "(이승만은 미소공위의 휴회가 유감천만이며 공위가 속개될 것을 기대한다고 했지만)자율적인 정부 수립에 대한 민성이 높은 모양이며 하루라도 빨리 정부가 수립되길 갈망한다"고 되어 있다.

남선순행을 재개한 후인 정읍 발언 이후에도 전주(6월 4일), 이리(6월 5일), 군산(6월 6일)에서도 연달아 정읍 발언을 재확인했다. 그러니까 목포에서 최초로 단독정부 수립 의지를 밝힌 후 정읍 발언까지 포함하여 모두 다섯 차례나 입장을 표명한 것이다.

결과만 놓고 보자면 이승만의 남선순행은 마치 단독정부 수립을 위한 대중 설득 집회로 보일 지경이다. 정읍 발언은 엄청난 정치적 후폭풍을 몰고 왔다. 한민당을 제외한 좌·우익 대부분이 이승만의 남한 단정안을 비판했다. 한 발 물러선 듯 이승만은 6월 11일 독촉국민회 연설에서 정읍 발언을 철회하는 듯한 뉘앙스의 발언을 했지만 실제로는 여론 무마용이었다. 이 이야기는 이승만이 단정에 대해 확신을 가지고 추진했다는 말이 된다. 그는 왜 이런 정치적인 모험을 했을까. 그 이유는 남쪽이 아니라 북쪽에 있다.

이승만의 정읍 발언을 보자. 이렇게 말했다.

"이제 우리는 무기 휴회된 공위가 재개될 기색도 보이지 않으며 통일 정부를 고대하나 여의치 않으니 우리는 남방만이라도 임시정부 혹은 위원회 같은 것을 조직하여 38 이북에서 소련이 철퇴하도록 세계 공론에 호소하여야 할 것이다."

죄송하지만 말씀을 좀 잘못 하셨다. 서두는 이렇게 꺼냈어야 했다. "늦었지만 이제 우리 남쪽도……." 무슨 얘기냐. 1946년 2월 소련군과 북조선공산당은 북조선임시인민위원회를 설립한다. 해방 후 겨우 반년이 지난 시점인데 이미 국가 기구를 만든 것이다. 이 기구는 얼마 안 가 이름에서 '임시'를 떼고 정식으로 활동하는데 남한보다 훨씬 빨리 헌법 논의를 시작했고 군대도 창립했다. 이 위원회는 북조선의 인민, 사회단체, 국가기관이 실행할 임시 법령을 제정하고 발포할 권한을 갖는다고 밝혔다. 토지개혁까지 강행하여 무상몰수를 했으니 사실상의 정부라는 반증이다. 게다가 북쪽은 중국 국공 내전의 후방 병참기지 역할까지 맡고 있었다. 이승만이 조심스럽게 의견을 피력하는 동안 이미 북쪽에서는 차근차근 정권이 만들어지고 있었던 것이다.

한국인이 아니면서 최초로 남한 단정을 언급한 사람은 하지의 특별 정치 고문이자 이승만의 친구였던 굿펠로였다. 굿펠로는 1946년 5월 24일 귀국을 앞두고 "소련이 조속히 무산된 제1차 미소공위를 재개시키지 않는다면 미국은 남한 단독정부의 구성을 추진해야 한다"고 주장했다(「자유신보」, 5월 25일자). 마치 5월 6일에 나온 이승만의 발언을 지지하는 모양새다. 혹시 친구라서? 이승만과 굿펠로는 정치 조폭이 아니다. 굿펠로는 이승만의 친구인 동시에 미군정의 입장을 이승만에게 전달하는 통로였다.

실제로 1946년 초 이승만에게 미소공위의 실패와 대소(對蘇) 타협의 불가능을 넌지시 알려준 것은 미군정이었다. 그게 누구의 입을 통하여 전달되었는지는 굳이 따져볼 필요도 없을 것이다. 상황 변화에 따른 미군정의 입장은 약간 불명료한 부분이 있다. 일단 하지는 단정을 목표로 하지 않았지만 전체 한반도 차원에서 미국식 정부를 수립한다는 계획을 가지고 있었으며 이 미국식 정부의 성격이 대소(對蘇) 봉쇄적이고 반공적이며 공격적이라는 사실을 숨기지 않았다.

이를테면 북한의 민주기지론과 정면으로 대립하는 반공·자유기지론인 셈이었고 미군정의 통제하에 수립되는 '임시

한국정부'를 북한 지역까지 확대하는 계획이었던 것이다. 그러나 하지는 북한에 파견된 소련 군사 고문단과는 달리 정치 군인이 아니었다. 그는 이 모든 것을 전술적으로만 파악했지 정치공학적인 측면에서 녹여낼 역량은 가지고 있지 않았다. 이승만 같은 노회한 정객의 상대가 되지 못했다는 이야기다. 미군정의 의지와 실천 사이의 간극을 좀 더 살펴보자.

앞서 말한 대로 미군정은 이승만을 정계에서 퇴출시키는 방안을 연구했음에도 불구하고 막상 그 대안은 없었다. 미소공위 제5호 성명이 발표된 직후 미군정은 반탁 진영을 설득해 제5호 성명에 대한 동의를 구하려고 했지만 창구는 결국 이승만일 수밖에 없었던 것이다.

이에 따라 남선순행 기간인 4월 21일 굿펠로가 대전을 방문했고, 유성에 머물고 있던 이승만에게 협조를 구했다. 제5호 성명은 미소공위가 협의할 정당·사회단체의 범위를 규정하면서 공위에 협력하겠다고 서명만 하면 협의 대상이 된다고 규정했다. 하지는 찬탁, 반탁에 대한 입장과 무관하게 제5호 성명에 서명만 하면 미소공위의 협의 대상이 될 수 있고 나중에 반탁을 해도 무방하다고 말했다.

굿펠로를 통해 하지의 입장을 전달받은 이승만은 4월 23일 대구에서 반탁 진영도 미소공위에 참가하자며 제5호 성명을 지지했다. 미워도 같이 갈 수밖에 없는 동반자 관계, 그것이 미군정과 이승만의 미묘한 관계였다. 단독정부 쪽으로 가닥이 잡힌 후에도 이승만과 하지의 입장은 뚜렷하게 갈렸다.

둘의 공통점은 미소공위를 통한 임시정부 수립 방안 대신 남한에 우익 중심의 미국식 정부를 세우는 것이었다. 둘의 차이는 이승만의 단독정부가 좌파를 일체 배제하고 남한에만 국한되는 것이었던 것에 반해 하지의 그것은 과도정부로 타협적인 남한 좌파와 북한의 일부 세력까지 포함해 과도정부를 북한까지 확장하는 것이었다.

하지는 이를 위해 이승만에게 이 과도 정부에 참여하지 말도록 종용했다. 과도정부에 대한 북한과 소련의 동의를 얻기 위해서 이승만의 존재는 껄끄러웠던 것이다. 하지는 이승만 대신 김규식을 내세우고 싶었다. 김규식을 앞세워 남한우익이 중심이 된 좌우합작 정부를 만들어 이를 북한 지역까지 확장한다는 계획이었지만, 이는 누가 봐도 순진무구한 발상이었다. 북한과 소련이 이를 받아들일 만큼 어리숙하지도 않았지만 이승만 역시 만만치 않았다. 동의하는 척했던 이승만은 바로 반격에 들어간다. 1946년 6월 12일 독촉국민회 전국

대회에서 결성한 민족통일총본부를 통해 좌우합작을 폐기시키기 위한 작전에 돌입한 것이다. 이는 공산주의의 본질을 정확히 꿰뚫고 있던 정치가와 순진한 군인 행정가 사이의 좁힐 수 없는 차이였다.

이승만이 남한에 단독정부를 수립하려고 했던 것은 이미 북한에서 소련에 의한 공산주의가 틀을 잡았으며 남한까지 공산화하려는 의지를 보이는 가운데 남한만이라도 공산화를 면하게 하겠다는 발상이었다. 하지의 입장에서는 이승만이 자기 의지의 관철만이 유일한 관심사인 '늙은 악당'이었지만 세계사적 흐름과 공산주의의 본질을 파악한 이승만에게는 양보하거나 타협할 수 없는 사안이었던 것이다.

이는 같은 기간 동안 북한에서 벌어진 일을 살펴보면 더욱 뚜렷하게 알 수 있다. 김일성은 1946년 2월 20일 북조선임시인민위원회 제1차 회의에서 "지난 2월 8일 북조선임시인민위원회가 수립됨으로써 우리 인민은 우리나라 력사상 처음으로 진정한 중앙정권기관을 가지게 되었다"는 연설을 했다. 북조선임시인민위원회가 사실상의 단독정권이었던 사실을 스스로 인정한 것이다.

이어 1946년 11월에는 도·시·군 인민위원회 선거를 실시했으며 1947년 2월과 3월에는 리·면까지 인민위원회를 확장했다. 이를 기반으로 1947년 2월 국회에 해당하는 북조선인민회의가 만들어졌으며, 이 북조선인민회의는 행정부에 해당하는 북조선인민위원회를 구성했다.

정리하자면 북한에서는 남한에서의 단독선거인 5월 10일 선거가 실시되기 1년 전에 이미 단독선거를 실시하고 단독국회를 구성하고 단독정부를 만든 것이다. 이처럼 이미 북한에서 모든 행정 절차가 마무리된 다음 (이는 명백한 분단 확정이다. 전술한 대로 군사 분계선이 국토의 분단을 초래하는 것은 외국 군대가 이 군사 분계선을 기준으로 자기들이 관할하는 지역 주민들의 삶을 나머지 지역과 확연하게 갈라놓을 때다) 뒤늦게 대한민국 정부가 수립된 것을 두고도 이승만을 분단의 원흉으로 모는 것은 한쪽의 기록을 완전히 배제한, 말 그대로 악의적인 왜곡이 아닐 수 없다.

분단의 책임은 누구에게 있을까. 실은 이 질문을 공론화시키는 것 자체가 부끄러운 일이다. 동네 깡패들에게 얻어터지고 들어와서 누구에게는 어디를 맞았고 또 누구에게는 저기를 쥐어터졌고 자랑하는 식이다. 이런 인간을 등신이라고 부른다. 책임은 오로지 우리에게 있다. 우리가 못나서 허리가 잘린 것이다. 이 못난 짓에는 나라를 세우는 일에 한마음으로 노력하지 않은 분열까지 포함된다. 미국이 주범이니 소련이 주범이니 둘이 공범이니, 다 쓸데없는 말이다. 당시 미국과 소련은 각자의 국익에 충실했을 뿐이다. 개인은 대체로 이기적이고 가끔 이타적이다. 그런데 집단이 되면 문제가 달라진다. 개인의 이타심에 견줄 수 있는 집단의 이타심은 찾기 어렵다. 더구나 문제가 국제 차원이 되면 집단은 오로지 순정 이기파가 된다.

4.

찬탁이 옳았는가 반탁이 옳았는가는 까다롭고 예민한 문제다. 여기에 이승만의 정치 행보를 섞으면 더 복잡해진다. 무슨 말이냐. 이승만의 안목은 어디까지 내다보고 있었는가 하는 문제가 제기될 수 있다는 얘기다. 이승만은 반탁을 했다. 이승만은 단순히 민심을 얻고 좌익에게 밀리던 정치 지형도를 바꾸기 위해 반탁 선택을 한 것일까.

사실 찬탁과 반탁이 예민한 문제가 된 것은 오로지 「동아일보」의 오보 때문이다. 이제 와서 책임을 물을 수는 없겠지만 사실 관계는 명확히 해야 하는 까닭으로 「동아일보」 오보 사태를 들여다보자. 1945년 12월 27일자 「동아일보」 제1면에 모스크바 삼상회의에 관한 기사가 실렸다. 내용을 보자.

"막사과(모스크바)에서 삼국 외상 회의를 계기로 조선 독립 문제가 **표면화하고 있지 않은가 하는 관측이 농후하여가고 있다.** 즉 번스 미국 국무장관은 출발 당시에 소련의 신탁통치안에 반대하여 즉시독립을 주장하도록 훈령을 받았다고 하는데 삼국 간에 **어떠한 협정이 있었는지는 불명하나** 미국의 태도는 카이로 선언에 의하여 조선은 국민 투표로써 그 정부의 형태를 결정할 것을 약속한 점에 있는데 소련은 남북 양 지역을 일괄한 일국 신탁통치를 주장하여 삼십팔도선에 의한 분할이 계속되는 한 국민투표는 불가능하다고 하고 있다."

짙게 표시한 부분은 신문기사로서는 함량미달인 부분이다. '팩트'가 아니라 '추측'을 태연하게 기사에 넣고 있다. 하나같이 오해를 불러일으킬 수 있는 내용들이다. 더 중요한 것은 기사가 아니라 헤드라인이다. 「동아일보」는 "외상 회의에서 논의된 조선독립문제, 소련은 신탁통치 주장, 소련의 구실은 삼팔선 분할 점령, 미국은 즉시 독립 주장"이라는 제목으로 헤드라인을 뽑았다. 마치 소련은 신탁통치주장, 미국은 즉시독립주장을 하는 것처럼 독자의 판독을 유도하고 있다. 이 기사에 전 국민이 분노로 일치단결했다. 겨우 해방을 맞았는데 또 누군가의 지배를 받는다고? 12월 30일 모스크바 삼상회의의 실제 합의사항이 보도된다. 어떤 것이었을까.

① 독립국가로 재건설하기 위해 임시 조선민주주의 정부를 수립할 것
② 그러기 위해 미소공동위원회(이하 미소 공위)를 열 것
③ 최고 5년 기한으로 미·영·소·중 4국의 신탁통치를 실시하되 그 방안은 미소공위가 조선임시정부와 협의할 것
④ 남북 현안을 논의하기 위해 2주 내로 미소공위를 열 것

보시다시피 신탁통치 이야기도 나오기는 하지만 삼상회의의 핵심 결정 사항은 임시정부 수립이었다. 뒤늦게 제대로 된 보도가 나왔지만 이미 화끈하게 돌아선 국민 정서는 그 결정사항의 경중을 따질 겨를 없이 반탁으로 몰려갔다. 만약 신문

기사가 이렇게 나갔으면 어떻게 되었을까.

> "임시정부수립 결정, 그 기간 동안 임시정부와 협의하여 신탁통치 5년 실시."

1차적으로 임시정부수립이라는 프레임이 작동하고 있으니 짐작건대 '5년은 길다' 혹은 '3년이면 받아주겠다' 식으로 여론이 형성되었을 것이다. 좌익은 반탁에 일시 참여했다가 찬탁으로 돌아섰다. 조선공산당은 모스크바의 지령에 따라 다음 해 1월 2일 찬탁지지를 공식적으로 발표했다.

"찬탁을 주장하는 것은 민족 반역자!"라는 우익의 선동은 대중의 정서를 제대로 읽은 것이었고 조선공산당은 이를 계기로 해방 초기에 가졌던 유리한 입지를 일시에 상실한다. 신탁통치가 실시되었으면 어떻게 되었을까. 좋은 결과를 낳지는 못했을 것이다. 이미 좌우갈등도 심하고 분열은 일상이었다. 그랬더라도 내전 정도를 치르는 것으로 끝났을 것이다. 적어도 3년씩이나 전쟁을 치르지는 않았을 것이고 남·북 간에 극단적인 증오가 싹틀 일도 없었을 것이다. 동독과 서독은 갈려 있었지만 사이가 원만했다. 서로 편지도 주고받았다. 우리는 항상 최악의 경우만 골라서 갔다.

결국 찬탁이 옳았던 것일까. 여기서부터는 사실 if~의 영역이자 지극히 개인적인 가치 판단의 문제다. 신탁통치가 끝난 후 우리 민족이 걷게 될 길은 거의 확실하게 공산주의였다. 당시 대중적인 선호도가 사회주의>공산주의>자본주의였다는 사실은 잘 알려져 있다.

양동안 선생의 if~를 보면 이런 식이다. 신탁통치를 실시했다면 좌익세력은 폭동 따위를 일으켜 지지율 하락을 자초하지 않았을 것이고, 통일임시정부가 구성되었을 경우 좌익과 중도파, 우익의 김구 임정계가 참여하는 연합세력이 집권해 이승만과 한민당은 야당이 되었을 것이라는 가정이다.

이어 그 집권 세력은 북한에서 1946년 실시한 것과 동일한 형식으로 토지개혁과 산업국유화를 전 국토에서 시행했을 것이며 결국 한반도 전체가 공산화되었을 것이라는 논리가 이어진다. 그랬다면 우리의 지금은 현재의 모습이 아닐 것이다. 공산주의는 개인을 말살하는 참혹한 전체주의다. 그 일당 독재 전체주의 정권하에서 우리는 숨 막히는 고통을 받았을 것이고 동구 사회주의권의 몰락과 함께 무너져내렸거나 아니면 끈질기게 버티면서 질곡의 삶이 십수 년 더 이어졌을 지도 모른다. 이래도 상관없다면 신탁통치의 수용이 옳았다 쪽에 표를 던질 것이고 남한만이라도 공산화되지 않은 것이 우리 민족에게는 복이었다고 생각하는 사람이라면 남한이 그것을 수용하지 않은 것이 잘한 결정이라고 할 것이다. 이승만은 확대되는 냉전의 기류를 읽었던 사람이다. 그는 분단이 되더라도 자유민주주의와 시장경제를 이 땅에 이식하는 것이 바른길이라고 믿었다. 나는 그 판단에 동의한다. 비록 분단이 되었지만 자유민주주의와 시장경제를 확립한 대한민국이 통일을 주도하는 상황이 된 것은 결국 민족의 이익에 부합되는 것이었기 때문이다.

여기서 빼놓지 말아야 할 사실이 있다. 남북이 갈라져 각자 다른 길을 갔더라도 그것이 반드시 전쟁을 의미하는 것은 아니었다는 것이다. 김일성은 1948년 9월 10일 북한최고인민회의에서 발표한 '조선민주주의인민공화국 정부의 정강'에서 이렇게 말했다. "공화국 정부는 북조선에서 실시한 토지개혁, 산업 국유화, 노동 법령, 남녀평등권 법령과 같은 민주개혁들을 더욱 공고히 발전시킬 것이며 그것을 전 조선적으로 실시하기 위해 투쟁할 것입니다." 남한을 공산화하려는 의지가 명확했다는 얘기다. 북한을 옹호하는 사람들은 남쪽보다 북쪽에 앞서 단독정부가 수립되었다는 사실을 이렇게 호도한다.

> 38도선 이남에서의 분단국가가 이북 정치세력과의 협상을 거부하면서 성립되었다면 이북에서의 단독정부는 계속 이남 정치세력과의 협상을 표방하면서 성립되었다는 점에 차이가 있다(강만길, 『한국 현대사』, 창작과비평사, 174쪽)

북한 정권이 협상을 표방하면서 성립되었다고? 그렇다면 그 협상이란 게 잘 안 되어서 전쟁을 일으켰다는 이야기인가. 협상 다음의 수순은 상대를 죽이는 일인가. 정말이지 어이없는 인간들이다. 분단이 필연적으로 전쟁을 불러왔을 거라고 주장하는 것은 북한의 남침이 김일성의 모험주의적인 선택이었다는 사실을 희석시키고 민족에게 고통을 안겨준 전쟁에 대한 책임이 있는 김일성에게 면죄부를 주려는 간악한 발언이다. 이승만의 위상과 역할에 대해 가장 명료한 발언을 한 사람을 꼽으라면 김영호 선생이다. 일부 발췌하여 올리는 것으로 글을 마무리한다.

'마키아벨리는 『군주론』에서 국가를 건설하고 유지하는 지도자의 역량을 '비르투(Virtu)'라고 규정한다. 이것은 흔히 미덕(virtue)이라고 하는 중세적 용어와는 다른 완전히 새로운 개념이다. 이것은 제대로 된 해결책을 찾기 어려운 상황에서 국가 건설의 가능성을 찾아가는 지도자의 영웅적 행위를 의미한다. 상황에 수동적으로 떠밀려 가는 것이 아니라 비전을 세우고 능동적으로 선택의 범위를 넓혀가는 지도자의 역량은 국가 건설에 절실히 요구되는 것이다. 해방에서 건국에 이르는 3년은 국내 정치세력 사이의 권력투쟁이 국제적 차원에서 전개된 미국과 소련 사이의 냉전에 맞물려 매우 혼란스러운 시기였다. 이러한 상황에서 지도자들이 건국의 목적을 달성하는 데 필요한 것은 바로 비르투였다. 이승만은 미국과 소련 사이의 타협이 불가능하다는 사실을 냉정하게 인식했다. 그리고 미국정부와 미군정의 반대를 무릅쓰고 단독정부론을 제창하여 대한민국 건국을 앞당기는 데 결정적으로 이바지했다. 새로운 국가 건설은 자연발생적 과정이 아니라 비르투에 입각한 지도자의 인위적 노력의 결과라는 마키아벨리의 주장은 건국 과정에서 이승만과 건국의 주역들의 역할을 설명하는 데 그대로 적용될 수 있다.'

이승만은 친일청산도 안 하고 친일파를 비호했다는데?

건국 당시 내각을 보면 북한은 거의 다 친일파,
남한은 독립운동가 중심이라는 사실을 알고나 계시는지

– 김용삼(이승만학당 교사, 박정희대통령 기념재단 기획실장)

친일파란 무엇인가?

1948년 9월 22일 공포된 법률 제3호 '반민족행위 처벌법'에 따르면 친일파는 다음과 같이 정의된다.

제1조: 일본정부와 통모하여 한일합방에 적극 협력한 자, 한국의 주권을 침해하는 조약 또는 문서에 조인한 자와 모의한 자는 사형 또는 무기징역에 처하고 그 재산과 유산의 전부 혹은 2분지 1 이상을 몰수한다.

제2조: 일본정부로부터 작(爵)을 수한 자 또는 일본제국의

회의 의원이 되었던 자는 무기 또는 5년 이상의 징역에 처하고 그 재산과 유산의 전부 혹은 2분지 1 이상을 몰수한다.

제3조: 일본치하 독립운동자나 그 가족을 악의로 살상 박해한 자 또는 이를 지휘한 자는 사형, 무기 또는 5년 이상의 징역에 처하고 그 재산의 전부 또는 일부를 몰수한다.

제4조: 좌의 각 호의 일에 해당하는 자는 10년 이하의 징역에 처하거나 15년 이하의 공민권을 정지하고 그 재산의 전부 혹은 일부를 몰수할 수 있다

1. 습작한 자
2. 중추원 부의장, 고문 또는 참의 되었던 자
3. 칙임관 이상의 관리 되었던 자
4. 밀정행위로 독립운동을 방해한 자
5. 독립을 방해할 목적으로 단체를 조직했거나 그 단체의 수뇌간부로 활동했던 자
6. 군 경찰의 관리로서 악질적인 행위로 민족에게 해를 가한 자
7. 비행기, 병기, 탄약 등 군수공업을 책임 경영한 자
8. 도, 부의 자문 또는 결의기관의 의원이 되었던 자로서 일정(日政)에 아부하여 그 반민족적 죄적이 현저한 자

9. 관공리 되었던 자로서 그 직위를 악용하여 민족에게 해를 가한 악질적 죄적이 현저한 자
10. 일본 국책을 추진시킬 목적으로 설립된 각 단체본부의 수뇌간부로서 악질적인 지도적 행동을 한 자
11. 종교, 사회, 문화, 경제 기타 각 부문에 있어서 민족적인 정신과 신념을 배반하고 일본 침략주의와 그 시책을 수행하는 데 진력하기 위하여 악질적인 반민족적 언론, 저작과 기타 방법으로써 지도한 자
12. 개인으로서 악질적인 행위로 일제에 아부를 하여 민족에게 해를 가한 자

제5조: 일본치하에 고등관 3등급 이상, 훈 5등급 이상을 받은 관공리 또는 헌병, 헌병보, 고등경찰의 직에 있던 자는 본법의 공소시효 경과 전에는 공무원에 임명될 수 없다. 단 기술관은 제외한다.

반민족행위처벌법과 반민특위의 문제점

제헌국회는 반민족행위처벌법을 제정하고 반민족행위특

별위원회(반민특위)를 조직했다. 그런데 졸속으로 입법된 반민법은 초안이 나흘 만에 만들어졌고, 소급입법이었으며, 재판을 3심이 아닌 단심으로 한다는 규정으로 위헌 논란에 휩싸였다. 그 결과 이인 법무장관은 이승만 대통령에게 거부권 행사를 건의했는데, 이 대통령은 정치적 판단을 내려 이를 공포한 것이다.

이승만 대통령은 '반민족행위 처벌법'이 통과된 이틀 후(1948년 9월 24일) "법 운영은 보복보다 개과천선이 중요하다"는 담화를 발표했다. 그 내용을 요약하면 다음과 같다.

"왜적에게 아부하여 악질적인 반민족행위를 감행한 자를 처벌함은 민의가 지향하는 바이며, 우리가 다 같이 각오하는 바이므로 이번에 국회에서 반민족행위 처벌법에 대하여 본 대통령은 민의에 따라 서명 공포할 것이나, 다만 본 대통령은 이 법을 공포함에 제(際)하여 몇 가지 소감을 피력하지 않을 수 없다.

첫째에는 벌을 받은 자가 손자에까지 벌이 미치며 그 재산을 몰수한다는 규정이 있는 바, 이것은 소상한 해석이 없으면 중고(中古)시대의 일과 혼동될 염려가 있으므로 현대 민주주의 법치국가로서 이런 법을 적용한다는 오해를 피해야 될 필요가 있을 것이며, 또 고등관을 역임한 자들의 관등을 구별하여 처벌을 정한 것은 일정한 차별을 만들기에 필요한 것이지마는 법률은 문구보다 정신을 소중히 하는 것이니, 비록 등으로는 처벌에 해당한다 할지라도 정신적으로 용서를 받을 만한 경우도 있을 것을 참작하여 일후 특별법원을 조직한 후 본 법 해당자를 재판하는 데 있어서는 이런 점에 특별 유의하여 억울한 일이 없도록 힘쓰기를 희망하며, 일반 동포도 이런 점을 양해하여 이 방면으로 주의하기 바라는 바이다.

제6조에서…… 본 법에 정한 죄를 범한 자가 개전의 정신이 현저할 때에는 그 형을 경감 또는 면제할 수 있다고 한 것은 관엄(寬嚴·너그러우면서 엄격하다는 뜻)을 구비한 규정이라 할 것이니 대개 법으로써 죄를 벌함은 범죄자에게 보복을 가하는 것보다는 범죄자를 선도하여 개과천선의 기회를 주려는 데 목적이 있는 까닭이다.

내가 자초(自初)로 주장한 것은 반민족 행위자를 처벌하는 것은 정부가 완전히 된 후에 하자는 것이다. 지금 대한민국 정부가 비록 성립되었으나 정권 이양이 아직 진행 중에 있는 터이므로, 또 유엔총회의 결과도 아직 완정(完定)되지 못한 터이므로 모든 사태가 정돈되지 못한 이때에 이 문제를 처리함에 있어서는 내외 정세를 참고하여야 할 점이 허다한 것이니, 지혜로운 모든 지도자들은 재삼 생각할 필요가 있음을 이에 선명하는 바이다."

반민법의 문제는 너무 성급히 만들어진 결과 중대한 잘못들이 포함되어 있었고, 우리 사회가 일본의 식민통치를 받았던 경험이 남긴 부정적 영향을 씻어내는 일을 어렵게 만들었을 뿐 아니라 우리 사회를 깊이 분열시켰다. 특히 국회 프락치 사건이 발생해 남로당 요원과 북한 간첩들에게 포섭된 국회의원 13명이 대한민국의 전복을 위해 국회에서 활동하다 체포되었는데, 이 가운데 주동자인 김약수, 노일환, 이문원 등이 반민법 제정을 주도하고 반민특위 활동에 적극적으로 참가했다. 이는 반민법과 반민특위가 남로당과 북한 공산집단의 사주에 의해 만들어지고 활동했음을 시사하는 증거다.

그럼에도 불구하고 비판자들은 "반민특위는 조직과 동시에 친일파와 이승만 정권의 방해공작에 직면했고, 친일파 조사활동을 시작한 지 단 6개월 만에 해체되었다"(이강수, 『반민특위 연구』, 나남출판), "이승만의 집권은 친일파들에게는 다시없는 재생의 기회가 되었다. 국내에 이렇다 할 정치적 기반이 없었던 이승만은 그들의 행정능력과 정보 조직 자금을 필요로 하였다. 그리하여 반민특위가 설치되면서부터 이승만의 비호를 받는 친일세력은 조직적으로 특위활동을 방해하고 이를 와해시키려고 기도하였다"(김삼웅, 외, 『반민특위, 발족에서 와해까지』, 가람기획), "거듭된 백색독재, 군사독재와 악한 자, 기회주의자들이 득세하고 사회정의와 양식이 무너진 도덕적 아노미 현상은 바로 반민특위의 좌절에서 발원(같은 책)" 등등 반민법을 걸어 이승만을 공격하는 레퍼토리로 반복하고 있다.

그러나 반민족행위처벌법에 따른 반민족행위자들에 대한 공소시효가 완성된 1949년 8월 31일 반민특위 위원장 이인은 다음과 같은 담화를 발표했다.

> "반민특위 사업에 대한 견해는 사람에 따라 달라서 일방에서는 용두사미로 그친다고 비난의 목소리도 높고, 다른 편에서는 시기도 아니요 너무 세밀히 한다고 불평을 말하는 이도 있다. 그러나 가장 심했던 자만 처단하고 나머지는 관대히 할 것이 인정을 펴고 민심을 수습하는 도리가 되는 것이다. 사람을 벌하려는 것이 아니오 반민족 정신인 죄를 징계하는 것이 목적이니 이 정도의 처단만으로 족히 이일징백(以一懲百)의 효과를 거두어서 민족정기를 바로잡을 수 있으리라고 생각한다. 더욱이 38선이 그대로 있고 시국이 혼란하고 인재가 부족한 이때에 반민족 행위 처단을 지나치게 하는 것은 도저히 민족과 국가를 위해서가 되지 못한다는 것을 생각하지 않을 수 없다……."

반민법은 이승만과 친일세력이 방해공작을 펴서 반민특위 활동을 제대로 못한 것이 아니라 이인 위원장은 "38선이 그대로 있고 시국이 혼란하고 인재가 부족한 이때에 반민족 행위 처단을 지나치게 하는 것은 도저히 민족과 국가를 위해서가 되지 못한다"고 판단했기 때문에 죄질이 가장 심했던 자만을 처단하는 선에서 마무리 지은 것이다.

친일청산 문제에 대한 복거일의 견해

복거일은 다른 민족이나 나라의 지배를 받은 사회들은 무수히 많았지만, 이 문제를 깔끔하게 해결한 사회는 없다고 말한다. 아울러 친일 행위에 대한 역사적 평가에선 당시 조선 사람들이 일본의 식민 통치 아래 어떻게 살았고, 식민 통치를 어떻게 받아들였나 살피는 일이 긴요하다고 주장한다.[1]

1. 식민지 시기 조선인 인구는 비슷한 시기의 아시아나 세계 인구보다 훨씬 빠르게 증가했다. 세계 인구는 1900년부터 1950년까지 연평균 0.85퍼센트 증가율을 보였다. 같은 기간 아시아 인구는 연평균 0.84퍼센트 증가한 반면 식민지 시기

조선인 인구 증가율은 세계 평균보다 곱절 이상 높은 2.09퍼센트였다. 이는 조선조 후기인 1978~1876년 기간 0.12퍼센트의 증가율과 비교하면 충격적이고 놀라운 수치다. 복거일은 식민 통치의 본질적 제약들과 폐해들에도 불구하고 일본의 식민 통치 아래서 조선 사람들은 상당히 잘살았다고 말한다. 즉 정치적으로는 열악한 처지에 놓였지만 경제적으로는 이전보다 훨씬 잘살았다.

2. 독립 후 일본 식민통치의 사회기구들이 비교적 많이 살아남은 대만과 남한이 함께 성공적으로 경제발전을 이룬 반면, 그것들이 거의 다 없어진 공산주의 사회 북한과 중국은 경제가 파산했다.

3. 구한말 친청파나 친러파는 나라에 큰 해를 끼쳤지만, 친청파나 친러파라는 호칭엔 별다른 비난의 뜻이 담기지 않는다. 유독 친일 행위만 문제가 된다.

4. 일본은 반세기 넘게 조선을 지배했다. 그래서 식민 통치 시대 말기엔 거의 모든 조선인이 일본의 통치를 당연하고 합법적인 것으로 받아들였고, 자신들을 일본인으로 여기게 되었다. 그런 상황에서 친일 행위란 무슨 뜻을 지니는가?

5. 일반적으로 정복된 나라의 관료조직은 정복자를 위해

봉사함으로써 실제로는 피정복민들의 삶을 덜 어렵게 만든다. 이른 행정적 부역(administrative collaboration)이 정복된 사회에서 살아야 하는 인민들에게 큰 도움이 된다는 점은 고대부터 널리 인식되었다. 그리고 식민통치기구에 참여한 원주민들의 수는 독립국가의 효율과 성공에 결정적 요인으로 작용한다. 식민지가 독립한 뒤 새로 만들어진 행정조직은 식민통치조직에 참여했던 사람들로 채워지게 마련이다.

6. 일본의 식민통치 아래서 산 조선인들이 그들의 친일행위에 대해 비난받는다면, 그런 비난엔 그들이 친일행위를 하지 않을 수 있었다는 가정이 전제로 깔려 있다. 만일 그들에게 선택의 여지가 없었다면 그들에 대한 비난은 부당하다. 어떤 사람이 자유롭게 선택할 수 있었을 때에만, 그는 자신의 행위에 대해 도덕적으로나 법적으로 책임이 있다.

이러한 과거 청산의 난감한 한계 때문에 이승만은 건국 직후 '과거의 악'인 친일파와 '현재의 악'인 좌익 가운데 덜 나쁜 악을 선택해야 했고, '현재의 악'에 대처하는 길을 선택할 수밖에 없었다. 말하자면 친일청산은 대단히 어려울 뿐만 아니라 현실적으로 거의 불가능하다는 점을 말하고 있다.

사정이 이럼에도 불구하고 우리 사회는 친일청산을 하지

못한 것을 대단한 수치이자 우리 역사의 엄청난 오점으로 생각하는 사람들이 많다. 일부에서는 거의 신앙에 가까운 수준이다. 이런 사람들이 모범 사례로 드는 과거 청산작업이 제2차 세계대전 종전 직후 프랑스의 민족반역자 처단 사례다. 나치에 협력한 100만 명 이상이 재판을 통해 사형이나 징역형을 선고받았고, 재판 없이 즉결 처형, 총살된 숫자만도 1만여 명에 달한다.

프랑스만 그런 게 아니다. 벨기에는 5만 명을 사법처리했고, 네덜란드 4만 명, 덴마크 1만 4,000명, 노르웨이 2만 명이 나치에 협력한 대가를 혹독하게 치렀다.

여기서 우리가 주의 깊게 봐야 할 점은 나치가 유럽을 휩쓸었던 기간은 4년에 불과하고, 지배가 아니라 점령이었다는 점이다. 우리의 35년 식민 시기와는 비교의 대상이 되지 않는다.

1930년대 우리 국민의 평균 수명은 33세 안팎이었다. 운 나쁜 사람은 일제시대에 태어나 일제시대에 죽었다. 35년이면 희망이 사라지고 한 사회가 무력감으로 생기를 잃어버리기에 충분한 시간이다. 이런 상황에서 굴하지 말고 지배자들에게 대한 저항을 이어가라고 강요하는 것은 또 다른 방식의 폭력이다. 친일은 생존과 직결된 문제였다. 그들의 친일 행위를 비난하려면 선택의 여지가 있어야 한다. 그러지 않을 수 있는 조건이 마련되어 있지 않은 한 친일에 대한 단죄는 시간의 원근법을 무시한, 후대의 관념으로만 가능할 뿐이다.

소련, 박헌영과 공산당, 이승만에게 친일 프레임을 걸어 공격

해방 후 이승만을 친일 프레임으로 공격한 것은 소련에 의한 고도의 전략이었다. 북한의 친일청산은 북조선을 소련의 위성국으로 만들겠다는 목적을 위한 방편으로 사용된 것이다. 『평양의 소련군정』의 저자 김국후는 북한의 친일청산은 소련이 북한에서 소비에트화 혁명을 진행하며 '일제청산'을 가장 핵심적인 정신 전략으로 삼았다며, 1945년 9월 10일 평양주둔 소련군정사령부가 각 지역 위수사령부에 지령한 '독립 조선의 인민정부 수립 요강' 6개 항을 제시했다. 6개 항 가운데 '일제청산'과 관련된 내용은 다음과 같다.

1. 비일본적인 각층 인민을 중심으로 완전한 자주독립국가

를 결성해야 한다. 소비에트연방은 끝까지 노동자 농민정권 수립을 미·영·중에 제안할 것이다.

2. 인구 수에 비례해 토지를 재분배해야 하며 토착 지주에 대해서는 자기가 경작하지 않는 토지를 몰수한다. 몰수한 일본인 소유 토지는 정부가 농민에게 분배한다.

3. 일본인 소유 공장은 일본적 요소를 없애고 공장 노동자와 기술자가 이를 관리하도록 한다. 기술 부문에서 일본인이 필요한 경우에는 과도적으로 사역하며 시급히 조선인 기술자를 양성한다.

4. 친일 분자는 철저히 소탕하고 각 분야의 불순분자를 엄정하게 숙청할 필요가 있다.

북한에 소련식 공산국가(그들의 표현에 따르면 민주국가)를 건설하기 위해서는 일본 군국주의 세력을 축출하고 일본 잔재 사상과 친일 인물을 철저히 소탕하고, 일제에 저항하며 희생적으로 투쟁해온 혁명세력과 일제 착취 대상인 노동자와 농민을 정치 일선에 내세우는 전략을 수행해야 한다는 것이었다. 이러한 목적을 달성하기 위해 '독립 조선 인민정부 수립 요강'이 지령된 것이다.

이것을 남한에서 실천에 옮긴 것은 박헌영과 공산당이다.

1945년 10월 환국한 이승만의 정치적 목표는 귀국 일성인 "뭉치면 살고 흩어지면 죽는다"로 표출된 '대동단결, 자주독립'으로 요약된다. 그런데 당시 서울에 주재하고 있는 소련 영사관으로부터 지령을 받은 공산당 지도자 박헌영이 이승만의 노선에 반기를 들었다.

박헌영은 10월 30일 "통일에는 원칙이 있어야 한다. 덮어놓고 한데 뭉칠 수는 없다. 조선에는 아직도 일제의 잔재세력이 남아 있다. 이러한 친일파를 근절시킨 다음 옥석을 완전하게 가려놓고 순전한 애국자, 진보적 민주주의 요소만을 한데 뭉쳐 통일해야 한다"면서 이승만의 대동단결 노선에 선을 그었다.

이승만은 11월 7일 저녁 라디오 방송을 통해 공산당이 자기에게 부여한 인공의 주석 직을 사퇴한다고 선언하자 박헌영과 공산당들은 집요하게 이승만을 친일 프레임으로 공격하기 시작했다. 특히 1945년 12월 28일 모스크바 3상회의에서 한국에 대한 신탁통치가 결정되자 우익진영은 찬탁을 외치는 조선공산당을 "외세에 의존한 매국적 괴뢰집단"으로 규정지었고, 조선공산당은 반탁을 주장하는 우익을 향해 "민족감정을 이용하여 친일 전력과 반동적 성격을 은폐하려는 정상배들"이라고 공격했다.

1946년 1월 14일 이승만은 "공산당은 소련을 조국으로 하는 자들이니 너희 조국으로 가라"는 요지의 강경한 성명을 냈다. 그러자 공산당도 "당신은 미국에 금발 벽안의 미인이 기다리니 미국으로 가라" "돈암장은 돈 많은 친일파의 소굴"이라는 성명을 싣고 삐라를 뿌렸다.

북한(좌익)이 주장하는 친일파 청산의 실상

북한은 해방 후 친일파를 철저히 청산하여 민족정기를 회복했기 때문에 민족사의 정통성이 자기들에게 있다고 주장해왔다. 그러나 북한에서 진행된 친일청산은 체계적인 법령은 물론, 청산에 관한 어떠한 기록도 존재하지 않는 허구였다.

류석춘·김광동 두 학자의 연구 결과에 따르면 북한의 친일청산은 공산주의 체제를 만들기 위해 반공 혹은 민족주의 세력을 탄압하고 재산을 가진 사람으로부터 재산을 빼앗는 과정에서 갖다 붙인 '친일' 혹은 '민족반역자'라는 딱지와, 이들을 축출하기 위한 자의적인 인민재판이 있었을 뿐이라고 말한다.

북한에서 말하는 '친일청산'이란 공산 측에 비협조적이고 반공적 태도를 보인 사람들을 숙청한 것이다. 북한에서 친일파와 민족반역자 숙청은 찬탁 반탁 투쟁의 소용돌이 속에서 조만식 등 우익 민족주의 세력과 반탁 세력을 배제하기 위한 투쟁과 결합되었다. 따라서 북한에서는 친일청산이 철저했던 것이 아니라 민족지도자에 대한 숙청이 철저했다고 해야 정확한 표현이다.

북한은 친일파 처벌 문제를 공산혁명 투쟁의 도구로 삼았기 때문에 반민족행위를 저지른 친일파라도 공산 소비에트화에 동참하면 책임을 묻지 않았다. 김일성과 소련 지도부는 권력기관 내에 친일 혐의가 있는 인사들을 묻거나 따지지 않고 대거 등용했다. 대표적인 사례가 일제시대에 도의원을 지낸 강양욱이 북조선임시인민위원회의 서기장을 역임한 것이다. 김일성의 친동생 김영주는 만주에서 일본 관동군 통역이었고, 만주에서 검사장을 하던 한낙규는 북한 검찰총장, 일본제국군대의 파일럿 출신인 이활은 인민군 공군사령관에 올랐다(〈표2〉 참조).

반면 대한민국 초대 내각 구성원을 보면 이승만 대통령(상해 임시정부 초대 대통령), 부통령 이시영(임시정부 재무총장), 국회 의장 신익희(임시정부 내무총장) 등 19명 거의 전부가 독립운동을 한 사람들로 구성되었다(〈표1〉 참조).

남한은 5.10제헌의원 선거를 위한 선거법 제정 과정에서 친일 부역자들의 피선거권은 물론 선거권까지 박탈하는 조항을 삽입시켰다. 류석춘 교수와 김광동 박사의 연구에 따르면 대한민국은 친일파 배제원칙을 준수하면서 건국되었기 때문에 정부 초대 내각이나 제헌의회 간부에는 친일파로 규정될 수 있는 인사가 참여할 수 없었다고 한다. 따라서 대한민국이 북한보다 상대적으로 친일청산에 보다 적극적이고 철저했으며 합리적이었다는 것이다.

북한은 조선민주주의인민공화국이 건국되는 과정에서 우리의 장관과 차관에 해당하는 상(相)과 부상(副相) 임명 과정에서 평양에 있는 소련점령군 사령부가 명단을 만들어 검토한 후 모스크바에 보고하여 스탈린의 재가를 맡은 후 김일성에게 넘겨 임명한 사실이 소련 측 문서에 적나라하게 나와 있다.

대한민국에서 초대 내각을 구성해서 발표할 때 미 국무장관이 정하고 트루먼이 재가하여 정한 것이라든가 하는 일은 상상도 못 한다. 그럼에도 불구하고 국내의 일부 종북 세력들은 "북한은 자주성 있는 나라이고 한국은 미제(美帝)가 만든 식민지"라고 엉터리 주장들을 한다.

또 한 가지 주목해야 할 점이 있다. 북한의 초대 내각 구성원 20명 중 부수상(외무상 겸임) 박헌영을 비롯하여 재정상 최창익, 사법상 이승엽, 상업상 장시우, 교통상 주영하, 노동상 허성택, 보위성 부상 김무정 등 10명이 처형 혹은 숙청되어 정치범 수용소에서 죽었다. 인간의 기본적인 행복은 물질적 복지, 안전, 자유가 보장되어야 한다. 민족사적 정통성은 어느 체제가 국민 전체의 행복을 발전시켰는가로 판가름 난다고 볼 때 정치적 숙청으로 초대 각료의 절반을 처형하는 체제에 정통성 문제를 운운하는 것은 어불성설이다.

1947년 10월 21일자 「조선일보」에 실린 도쿄발 AP통신 기사에 따르면 해방 후 북한에서 남하한 조선인 총수는 당시까지 150만에 달하고 있으나 남한에서 북한으로 이동한 조선인은 그 1퍼센트(즉 1만 5,000명)에 불과하다고 보도하고 있다. 바로 이들은 북한의 토지개혁 및 공산정권 수립 과정에서 '친일 반동분자'로 낙인 찍혀 인종청소 당하듯 월남한 사람들이다.

〈표1〉 대한민국 초대 내각

	이 름	경 력
대통령	이승만	상해임시정부 초대 대통령
부통령	이시영	임정 내무총장
국무총리 · 국방장관	이범석	광복군 참모장
국회의장	신익희	임정 내무총장
대법원장	김병로	항일 변호사
무임소장관	이윤영	국내 항일운동
무임소장관	이청천	광복군 총사령관
외무장관	장택상	청구구락부 사건
내무장관	윤치영	흥업구락부 사건
법무장관	이 인	항일 변호사, 한글학회 사건
재무장관	김도연	2.8독립사건
상공장관	임영신	독립운동가, 교육가
문교장관	안호상	항일교육
사회장관	전진한	국내항일
체신장관	윤석구	국내 항일, 6.25 때 인민군에게 총살
교통장관	민희식	재미 항일
총무처장	김병연	국내 항일
기획처장	이순탁	국내 항일
공보처장	김동성	국내 항일

〈표2〉 북한 김일성 내각의 친일파

이름	직책 및 특징	일제 하 경력
김영주	북한 부주석(당시 서열 2위), 김일성 동생	헌병 보조원
장헌근	임시 인민위원회 사법부장 (당시 서열 10위)	중추원 참의
강양욱	인민위원회 상임위원장 (당시 서열 11위)	도의원
정국은	문화선전성 부부상	아사히 신문 서울지국 기자
김정제	보위성 부상	양주군수
조일명	문화선전성 부상	친일단체 '대화숙' 출신, 학도병 지원유세 주도
홍명희	부수상	임전대책협의회 가입 활동
이 활	북한 초대공군 사령관	일본군 나고야 항공학교 출신
허민국	인민군 9사단장	일본군 나고야 항공학교 출신
강치우	인민군 기술 부사단장	일본군 나고야 항공학교 출신
김달삼	제주 4.3사건 주동자	일본군 소위
박팔양	노동신문 창간발기인, 노동신문 편집부장	만선일보 편집부장
한낙규	김일성대 교수	검찰총장
정준택	행정10국 산업국장	광산지배인 출신, 일본군 복무
한희진	임시인민위원회 교통국장	함흥철도 국장
이승엽	남조선노동당 서열 2위, 월북 후 빨치산 유격투쟁 지도	식량수탈기관인 '식량영단' 이사

이들을 친일 반동분자로 규정하여 처벌하는 과정도 참혹하기 짝이 없다 죄를 규정한 법도 없고, 죄를 판정할 만한 자격과 능력을 갖춘 재판관도 없이 군중심리에 의해 즉석에서 판결이 이루어진 것이다. 북한이 공정한 재판을 통하지 않고 인민재판을 통해 친일파 청산을 한 것은 그 자체가 정의롭지 못할 뿐 아니라, 많은 주민을 월남하도록 만들어 그들에게 개인적인 고통과 손실을 강요했고, 큰 사회적 비용을 치러야 했다.

반면 남한은 헌법으로부터 권위를 부여받은 법률에 따라 적법한 재판 과정을 거쳐 친일파를 청산했다. 이것이 남과 북의 친일파 청산의 근본적인 차이이다.

이승만 대통령이 친일파 문제를 어떤 관점에서 생각하고 있었는지를 유추할 수 있는 자료가 있다. 이승만은 6.25로 인해 부산으로 정부가 이전한 1951년 5월, 임문환을 농림부장관에 임명했다. 임문환은 도쿄 제국대학 출신으로 일본 고등문관 시험에 합격하여 조선총독부에 근무한 경력이 있다. 그를 농림부장관으로 임명한 후 이승만은 임문환에게 이런 발언을 했다.

"지금 내가 일본과 아라사(我羅斯·러시아)의 일을 걱정하는 것은 나라의 장래를 생각하기 때문이오. 아라사는 공산당이기 때문에 언젠가는 민주주의한테 집니다. 그때까지 조심하고 있으면 돼. 일본은 달라요. 미국에 밀착해서 민주주의와 함께 번영해나갈 겁니다. 내가 비행기를 타고 내려다본 일본은 산꼭대기까지 저수지를 만들었고, 산비탈이 논이 되어 있습디다. ……이처럼 좁은 토지에 저렇게 많은 사람이 살고 있으면 오래도록 행복하게 살아갈 수 있을 턱이 없어요. 언젠가는 상업이니 뭐니 하는 이름을 빌려 가장 가까운 우리나라로 밀어닥칠 거요. 그때야말로 일본을 잘 아는 당신들 친일파가 나라를 지켜야 해요. 지금은 오직 자중해서 시험대에 놓인 당신이 세상 사람들의 비난을 누그러뜨리는 데 전념해야 해요."

친소파親蘇派의 소굴 북한과 김일성의 정체

소련과 박헌영의 남로당과 북한의 김일성 공산집단이 이승만과 남한 사회를 친일 프레임을 걸어 공격한 이유는 소련의 완벽한 괴뢰 역할을 했던 자신들의 행적을 은폐, 기만, 시선을 다른 곳으로 돌리기 위한 고도의 선전선동이었다. 북한의 탄생 과정을 보면 김일성 집단은 기가 막힐 정도로 완벽한 소련의 괴뢰들이었다.

1945년 9월 19일 오전, 김일성은 소련군 대위 계급장을 달고 소련 군함 푸카조프호를 타고 원산항에 입항했으며, 9월 21일 스탈린의 "북한에 공산 단독정권 수립" 극비지령에 의해 소련군정은 김일성을 비롯한 88여단 소속의 항일 빨치산 출신 조선인을 적극 이용하여 북한을 자신들의 '공산기지(소련의 표현으로는 민주기지)'이자 위성국 건설을 본격 추진했다.

그의 귀국도 자의에 의한 것이 아니라 스탈린의 낙점에 의한 것이었다. 김일성이 입북하기 보름 전인 1945년 9월 초, 스탈린이 김일성을 비밀리에 모스크바로 불러 크렘린 궁 별장에서 단독으로 만나 그를 북한의 최고 지도자 후보로 낙점한 후 평양에 보냈다.

코바렌코(당시 소련군 극동군 총사령관 바실렙스키 원수의 부관)의 증언에 따르면 스탈린은 김일성과 네 시간 동안 대좌하여 스탈린주의를 설파하고 여러 질문을 통해 지도자가 될 수 있는지를 탐색한 후 즉석에서 "이 사람이 좋다. 앞으로 열심히 해서 북조선을 잘 이끌어가라. 소련군은 이 사람에게 적극 협력하라"는 지령을 내렸다.

평양에 온 김일성을 교육시키기 위해 평양에는 제1극동전선 제7호 정치국의 메크레르 중좌, 강미하일 소좌(고려인 2세) 등 훈련된 정치장교들이 선발대로 와 있었다. 메크레르 중좌는 '김영환'이라는 가명으로 사용하는 김일성을 데리고 비밀리에 북한을 순찰했고, 민족 지도자 조만식, 서울의 박헌영을 평양으로 불러 만나게 해주는 등 정치담당 교사 역할을 수행했다. 말하자면 김일성은 철저하게 스탈린에 의해 선발되고 소련 정치장교들에 의해 잘 길들여진 '소련의 개'였다.

유대계 출신인 메크레르는 1946년 9월 초까지 1년 동안 평양에 머물며 소련군의 북한 소비에트화 프로그램에 따라 조선공산당 북조선 조직국 같은 정당 창당, 신문사와 방송국 설립을 통해 북한에 마르크스-레닌-스탈린주의를 전파했다. 소련군 정치장교들은 레베데프 정치사령관 방에 모여 북조선 인민들에게 김일성을 '항일 빨치산 투쟁의 민족영웅'으로 부상시키는 방안을 심도 깊게 논의한 후 10월 13일 평양공설운동장에서 '소련군 환영대회'를 개최했다. 북한 역사는 이 행사를 '김일성 장군 환영대회'라고 기록했다.

레베데프의 증언에 따르면 10월 13일 평양 군중 앞에 나타난 김일성이 읽은 연설 원고도 소련군 사령부에서 작성해주었으며, 심지어 김일성이 입은 양복과 구두는 모두 강미하일 소좌의 것이었다고 한다. 레베데프 소장은 "북한정권 창출 과정에서 어느 것 하나 군정이 단독으로 결정하거나 집행할 수 없었고, 모두 하바로프스크의 극동군사령부를 거쳐 모스크바의 소련공산당 중앙위원회의 지령에 따라 진행했다"고 한다.

붉은 군대의 최고사령관 스탈린이 "북한에 공산 단독정권을 수립하라"는 자시가 떨어지자 평양의 소련군정 사령부는 북한 정부 수립을 위해 긴박하게 돌아갔다. 10월 8일부터 10일까지 평양에서 북한 지역의 행정을 담당할 한국인 중앙행정기구를 창설하기 위해 '북조선 5도 인민위원회 대표자대회'를 소집했고, 10월 28일에는 이북 5도의 중앙 행정기관으로 북조선 5도 행정국을 설립했다. 이어 10월 10일부터 13일까지 평양에서 '조선공산당 서북 5도 책임자 및 열성자대회'(약칭 5도대회)를 열고 마지막 날 조선공산당의 북조선 분국을 만들었다.

소련 법령 베껴 토지개혁 실시

다음 날인 10월 14일에는 소련에 의해 북한 지도자로 선출된 김일성이 평양 공설운동장에서 열린 '소련군 환영대회'를 통해 군중들 앞에 처음으로 모습을 드러냈다. 이날부터 소련군 사령부는 김일성을 "항일유격대의 장군"이자 "민족의 영웅" "영명한 지도자"로 데뷔시킨 후 정치 무대에 본격 등장시켰다.

당시 북조선공산당 지도부는 '민주개혁', 즉 공산화 프로그램을 만들 만한 능력이 없었다. 따라서 소련군정은 1945년 10월부터 모스크바에서 소련공산당 중앙위원회가 만든 토지개혁과 노동법령, 남녀평등에 관한 법령, 산업·운수·통신·은행 국유화 법령, 각 도·시·군·면·리 인민위원회 선거에 관한 법령 등을 제공받았다. 평양주둔 소련군정은 제7호 정치국장 이그나치프 대좌 팀에 소속되어 있는 소련파 고려인 18명에게 이를 번역하도록 했다. 이를 북한 현실에 맞게 재가공하여 북조선 임시인민위원회 위원장 김일성 이름으로 이른바 '민주개혁(공산화) 5대 법령'을 실행한다.

김일성은 소련군정의 지시에 의해 1946년 2월 10일, 10개

부처로 된 정부조직과 공산주의 공안기관들을 설치했고, 3월 5일 토지개혁법령을 발표하여 무상몰수 무상분배 방식의 토지개혁을 실시했다. 6월 30일에는 남녀평등에 대한 법령 발표, 8월 2일에는 산업 국유화 법령 발표로 대기업, 철도, 전력 발전소, 탄광, 은행, 운수회사 등이 국유화되었다. 1946년 말 북한 공업시설의 90퍼센트 이상이 국유화되어 북한은 사회주의 계획경제로 탈바꿈했다.

흥미로운 것은 북한에서 '민주개혁이 한창 속도를 내고 있는 1946년 7월 무렵, 스탈린이 김일성과 박헌영 두 사람을 모스크바로 소환하여 또 한 차례 면접을 실시했다는 사실이다. 이는 당시 소련 정보기관이 김일성의 독단적인 스타일을 문제 삼아 북한 지도자를 박헌영으로 재고해야 한다는 건의를 올렸기 때문이다. 그런데 두 사람을 면담한 스탈린은 김일성에게 "소련군정의 협력을 받아 북조선의 소비에트화 정책을 조기에 실현시키도록 투쟁하라"고 지시했다. 최종적으로 김일성을 북한 지도자로 결정한 것이다.

당시 북한에는 주민들의 지지와 성원을 받던 민족지도자 조만식, 토착 공산주의 지도자 박헌영을 비롯해 연안파의 거물 김두봉, 소련파의 거두 허가이 등이 즐비했다. 그럼에도 불구하고 스탈린은 33세의 새파란 소련군 대위를 북한 지도자로 지목한 이유는 무엇이었을까?

이런 의문에 대한 해답의 제공자는 소련군정 정치사령관 레베데프 소장이다. 그는 스탈린이 김일성을 선택한 이유를 다음과 같이 증언했다.

> "당 중앙 스탈린 원수는 동유럽의 공산권 지도자를 선택할 때에도 마르크스 레닌주의 이론가보다 군인 출신을 선호했다. 스탈린이 김일성을 북한정권의 지도자로 지명한 것은 김일성이 1942년부터 1945년까지 3년간 소련군 제88정찰여단에서 대대장으로 복무하면서 소련의 명령에 충실했기 때문에 믿을 수 있는 군인으로 판단했기 때문이다. 즉 소련에 충성할 것을 약속했기 때문이다."

북한 헌법, 초대 내각은 소련공산당 중앙위원회의 작품

소련군정은 북조선노동당 탄생 등 정권의 기틀이 잡히자 1947년 2월 17일부터 20일까지 형식상 인민 대표기관인 인민회의(남한의 국회에 해당)를 창설했다. 이제 남은 것은 헌법뿐이었다. 소련군정은 1947년 말부터 국호를 '조선민주주의인민공화국'으로 정하고 모스크바에서 파견된 법률 전문가들에게 동유럽 위성국들을 창설할 때 작성한 헌법을 참고하여 북조선 헌법 초안을 작성하도록 지시했다. 이 초안을 소련 외무성과 소련공산당에 보고하고 소련공산당 중앙위원회가 세부적으로 검토한 후 평양의 소련군정에 지령하여 완성했다. 따라서 1948년 9월 9일 북한 최고인민회의에서 통과된 북한 헌법은 소련공산당 중앙위원회의 작품이다.

소련 외상 몰로토프는 "남조선에서 미국인들이 유엔 임시위원회의 협조하에 금년 5월 10일로 예정된 선거를 실시하고 남조선 단독정부를 수립한 뒤에, 조선민주주의인민공화국 헌법 초안을 북조선 영내에서 실시하고 최고인민회의 선거를 실시하며 내각제 정부를 수립하라"고 그 시기까지 세세하게 지령했다.

남한에서 제헌의회가 제헌헌법을 만들고 국호를 대한민국으로 정하던 1948년 7월 31일, 소련군정은 북한의 초대 내각과 최고인민회의 의장단 결정을 위해 한 달여 심의에 돌입했다. 발라사노프 정보팀은 이들 인사들의 경력과 소련에 대한

충성도 등을 세밀하게 조사하여 하바로프스크 극동군구 사령부와 모스크바 소련공산당 중앙위원회에 보냈다.

이 과정에서 당 중앙(스탈린)으로부터 "내각 명단에 남조선 대표를 늘리라"는 지시가 내려왔다. 소련군정은 지시에 의해 명단을 대폭 수정한 뒤 소련공산당 중앙위의 승인을 받아 최종 확정하고 김일성과 박헌영에게 그 명단을 통보했다. 소련군정 사령부가 초대 내각과 최고인민회의 의장단을 선정하면서 가장 중요시했던 부분은 첫째, 소련에 우호적이고 북한에서 실시한 소련 정책을 지지하는지 여부, 둘째, 조선 해방 이전의 사회주의 혁명활동이었다.

소련군정은 이 기준하에 내각과 최고인민회의 의장단을 배치했고, 내각의 주요 부상(副相: 한국의 차관에 해당)에는 소련파(소련의 명령으로 입북한 소련 국적의 고려인)들을 집중 배치했다. 외형상으로는 상(相)이 해당 부처를 대표하지만 실권은 소련 출신의 부상(副相)들이 행사하는 '2중 구조' 내각 형태를 만든 것이다. 소련은 이들 소련파들을 통해 내각을 감시 지휘하는 위성국 전략이 완벽하게 자리 잡은 것이다.

3년간에 걸친 소련공산당 중앙위원회의 지시와 평양 주둔 소련군정의 기획 연출에 따라 조선민주주의인민공화국이란 이름의 소련 괴뢰공산정권이 1948년 9월 9일 선포되었다. 소련군의 철수를 며칠 앞둔 1948년 12월 10일, 북조선노동당 중앙위원회 제4차 회의 결정서는 자신들이 소련의 괴뢰정권이란 사실을 다음과 같이 고백하고 있다.

"당 중앙위원회는 위대한 소련군대가 조선 인민의 세기적 숙망을 실천하며 우리 조국을 민주주의적으로 재건하는 토지개혁, 산업 국유화, 노동법령·남녀평등권법령 도입 등 위대한 민주개혁을 실시할 수 있게 했음을 인정한다. 당 중앙위원회는 북조선 인민들이 해방 후 3년 동안 민족경제를 부흥 발전시키며 민족문화를 재생 발전시킴에 있어 쟁취한 결과는 오직 위대한 소련 정부와 소련 군대가 조선 인민에게 준 진정한 원조의 결과임을 인정한다. 특히 당 중앙위원회는 오늘 북조선이 조국의 완전 자주독립을 보장하는 튼튼한 민주기지가 되고, 남북조선 인민의 총의로 수립된 조선민주주의인민공화국의 확고부동한 터전이 된 사실은 해방 후 3년 동안 정치 경제 문화 방면에서 약소민족의 독립과 권리와 자유를 존중하는 위대한 레닌 스탈린 당이 영도하는 소련 정부와 소련 군대의 성의 있는 원조의 결과임을 인정한다……."

김일성의 정체

김성주가 본명인 김일성은 중국에서는 진지첸, 소련군에서는 "다와리시치(동무) 김이르센"으로 불렸다. 김성주는 1926년 길림의 육문중학교에 입학한 해에 공산청년동맹에 가입했고, 1931년에는 공산당에 입당했다. 그런데 김성주가 입당한 공산청년동맹과 공산당은 '중국 공산청년동맹'이었고, '중국공산당'이었다. 당시 만주에는 중국공산당밖에 없었기 때문이다.

김성주는 1931년 중국공산당에 입당하여 1941년 소련으로 쫓겨 들어가기까지 10년간 충실한 중국공산당의 지방 하부당원으로서 마오쩌둥, 저우언라이 등 중국공산당 두목들의 지령하에 공산 활동을 한 것이 숨길 수 없는 역사적 사실(historical fact)이다.

중국공산당의 활동 목적은 중국의 '해방'과 공산화였다. 중국공산당원인 김성주의 임무도 그것이 우선적이었다. 일제에 반대하는 투쟁도 그 임무에서 나온 것이다. 김성주는 1941년을 전후하여 일본군의 토벌에 쫓겨 소련령으로 도주하여 88특별정찰여단에 소속됐다.

김일성은 소련으로 넘어가 소련 국적을 취득하고 소련 볼셰비키 공산당에 가입했으며, 소련군 대위 신분으로 귀국했다. 김일성은 중국 국적과 중국공산당 당적, 소련 국적과 소련 공산당 당적, 그리고 귀국하여 북한 국적과 조선노동당 당적을 보유한 3중 국적자에 세 나라의 공산당 당적을 가진 존재였다. 그는 귀국 후 소련군정으로부터 소련군 월급을 받았고, 1957년까지 소련, 북한 이중 국적을 보유하고 있었다. 그가 소련 공산당원이었다는 것은 절대적으로 소련 공산당의 의사에 따라, 그 명령대로 일거일동을 행했다는 뜻이다. 공산당들은 이처럼 부끄럽고 참혹한 친소련의 적나라한 모습을 위장하기 위해 이승만에게 친일 프레임을 뒤집어 씌워 공격을 해댐으로써 자신들의 민족반역적 면모를 숨긴 것이다.

결어

이승만을 친일 프레임을 걸어 공격한 것은 소련과 남북한 공산주의자들이다. 그들은 자기들이 소련이 지시를 받아 공산국가를 건설한 치명적 약점을 은폐하기 위해 이승만 대통령을 친일을 싸고도는 모리배로 몰아 공격했고, 또 국회 공작을 통해 반민법과 반민특위를 조종했다. 공산주의자들뿐만 아니라 이 땅의 주자학적 세계관을 이어받은 좌파·좌익·친북·종북세력도 남한 사회에 친일 프레임을 걸어 마치 북한은 친일파를 깨끗이 청산하여 민족적으로 흠결이 없는 존재로 선동을 해댄다.

이 모든 것은 '한여름 밤의 꿈'이다. 친일보다 죄질이 훨씬 더 악질인 친소련 행위로 북한을 소련의 위성국가로 만든 자들이 바로 북한 공산집단이고, 이 땅의 좌파·좌익·친북·종북세력은 그 소련 위성국가 북한 공산집단의 허무맹랑한 논리를 수용하여 한국사회를 공격하고 있다.

이승만은 1인당 소득 35달러, 문맹률 78퍼센트, 중등교육 이상을 이수한 숫자가 2만 6,000명에 불과한 상황에서 대한민국을 건국했다. 한 사람의 인재도 아쉬운 판이었으니 그는 인재들을 모으고 모았다. 심지어 이승만은 국군 창설 과정에서 전범 재판 과정에서 한국인으로는 유일하게 전범으로 기소된 홍사익 장군(일본명 마사하루 혼마)을 구명하기 위해 맥아더 장군을 비롯하여, 그의 부관이었던 필리핀의 카를로스 로물로 등을 통해 구명운동을 벌였다.

홍사익은 육군무관학교 재학 중 1909년 영왕(영친왕)이 일본 유학을 떠날 때 이응준, 김석원과 함께 유학 동반자로 선발되어 일본에 갔다. 그는 1914년 5월 일본 육군사관학교를 졸업(제26기)하고 소위로 임관했다. 왕족이 아닌 조선인 출신으로 일본군에서 장성이 된 경우는 홍사익을 비롯하여 총 일곱 명(이병무, 조동윤, 어담 중장, 이희두, 조성근, 왕유식, 김응선 소장)이었다. 이들은 전원 대한제국군에서 참령 이상 계급에 있었던 고위 간부가 1920년 조선군이 일본군에 정식으로 편입되면서 일본군 계급을 부여받은 것이다. 이들을 제외하면 한국인으로서 일본군에서 정식 코스를 밟아 장군에 오른 사람은 왕족을 제외하면 홍사익이 유일하다.

홍사익은 태평양전쟁 중 중국에서 여단장, 1944년 필리핀 주둔 일본 남방군 총사령부의 병참총감, 연합군 포로수용소장을 겸직했다. 이 때문에 종전 후 필리핀에서 열린 전범 재판에 회부되어 포로 학대 혐의로 교수형을 당했다.

신생 대한민국엔 한 사람의 인재라도 더 필요했다. 그것이 이승만 시대 우리의 모습이었다. 이런 시대적 상황을 지워버리고 친일파 청산을 못 했다고 이승만을 공격하는 것은 친일 청산이 목적이 아니라 이승만 격하운동이 그 진짜 목적임을 증명하는 것이다.

친일 프레임은 이제 대한민국을 타격하는 무소불위의 무기가 되었다. 친일 프레임을 갖다 걸기만 하면 무시무시한 저주와 증오가 형성되어 살아남기 힘든 존재가 되고 만다. 친일파에 대해 증오심을 부추기는 사람들은 해방 후 가장 중요한 과제가 친일파 청산이었는데, 대한민국이 그 과제를 제대로 수행하지 못해 친일파가 득세한 결과 우리 사회와 체제는 친일파 지배구조라고 도식화한다.

이 구조적 도식을 분쇄하려면 소련군 제복을 입고, 볼셰비키 당원으로 북한에 전입하여 소련 공산당과 당중앙(스탈린)에 의해 낙점을 받은 김일성이 소련 법률과 그들이 만들어준 헌법에 의해 북한을 공산화하고, 그들의 무기와 작전계획을 받아서 남침했던 북한의 본질, 공산주의의 본질을 제대로 폭로하는 것이 가장 효과적이라고 본다. 친일 프레임을 통한 대한민국과 이승만 공격은 친소련 정책의 산물인 북한과 김일성을 은폐하기 위한 저급하고 낡아빠진 선전선동술 그 이상도 이하도 아니다.

주

1 이 부분은 복거일, 『죽은 자들을 위한 변호 - 21세기의 친일 문제』, 북앤피플, 2012 참조.

제3부

성인용 협잡 박살내기

이승만은 미국의 앞잡이라는데?

무슨 앞잡이가 말도 하나도 안 듣고
오히려 미국을 협박까지!

– 배진영(「월간조선」 차장)

이승만은 여러 일을 했다고 볼 수도 있겠지만, 그가 범한 많은 과오 중에서도 민족으로부터 용서받을 수 없는 것은 외세의 국가이익 추구에 편승하여 이 나라를 분단하는 데 앞장섰다는 것이다. 그리고 일제시대 때 민족을 배반한 친일역적들을 싸고돌아 민족정기를 흐려놓은 점과 12년의 통치기간에 이 나라를 자주 아닌 열강 예속으로 전락시켰다는 사실도 들어야 할 것이다.

이른바 진보적 언론인으로 널리 알려진 송건호가 『한국현대인물사론』에서 한 얘기다. 이런 식으로 이승만을 친일파(親

日派)나 '미국의 앞잡이'로 모는 것은 이승만의 '독재'나 실정(失政)을 비판하는 것과는 궤를 달리한다. 단순히 '이승만 정권'에 대한 비판을 넘어 '대한민국'의 정체성(正體性)·정통성에 흠집을 내기 위한 주장이기 때문이다. 그런 소리를 하는 자들은 내심 이렇게 말하고 싶을 것이다. "한반도에서 진정 정통성이 있는 나라는 '미국의 앞잡이'가 세운 대한민국이 아니라 항일빨치산을 한 김일성 장군님이 세운 조선민주주의인민공화국"이라고…….

이승만은 정말 '미국의 앞잡이'였을까? 언젠가 이승만의 양자 이인수 박사는 기자에게 "어머니(프란체스카 여사)는 '이승만 박사의 일생은 미(美) 국무부와의 싸움의 연속이었다'고 하셨다"고 말한 적이 있다. 말이 '미 국무부와의 투쟁'이지, 그건 '미국과의 투쟁'이었다는 말이나 다름없다. 미국이라는 국가의 의지를 대외적으로 표출하는 기관이 '미 국무부'이기 때문이다. 이 글의 결론을 미리 얘기하자면 이렇다.

"이승만의 미국에 대한 인식은 경미(警美)→친미(親美)→지미(知美)→용미(用美)로 변화했다. 그리고 당대 한국인 가운데 미국을 가장 잘 알았던 그는 한국의 전략적 가치를 폄하하면서 한국을 포기하려는 미국의 정책당국자들과 싸워가면서 대한민국 건국과 한미상호방위조약을 '쟁취(爭取)'해냈다. 이승만이 설사 '뼛속까지 친미(親美)주의자'였다 하더라도, 그 이전에 이승만은 '뼛속까지 한인(韓人)이었다. 그의 친미주의는 이 나라를 문명개화한 상등(上等)국가로 만들기 위한 수단이었다. 오늘날 우리가 누리는 자유와 번영은 바로 그 덕분이다."

청년 이승만, 미美 선교사들 통해 자유와 민주주의 배워

양녕대군의 말예(末裔)로 과거를 통해 입신출세하려는 꿈을 갖고 있다가 과거제가 폐지되는 바람에 좌절하고 있던 청년 이승만이 친구 신흥우의 권유로 미국 선교사 언더우드가 세운 배재학당을 찾은 것은 1895년이었다. 초기만 해도 이승만에게는 선교사들에 대해 경계하는 마음이 없지 않았다.

> 미국 선교사들이 한국에 도착하기 시작한 직후 우리 한국인은 어떻게 선교사들이 하와이 군도에 가서 그곳 원주민들을 다수 기독교로 개종시켰는지를 알았다. ……그리고 우리는 미국 선교사들이 한국에 오기

조금 전에 미국정부가 이 하와이 섬들을 모두 병합하여 그 영토의 일부로 만들었으며 이 과정에서 하와이인들의 여왕이 폐위되었음을 알았다. ……우리는 선교사들이 장래의 병합을 준비하기 위해 미국정부가 파견한 앞잡이들이라고 간주하지 않을 수 없었다(유영익, 『젊은 날의 이승만』에서 재인용).

이러한 생각은 언더우드·아펜젤러·게일·에비슨·헐버트 등 미국 선교사들과 미국에서 돌아온 서재필 등을 통해 자유·민주·평등·인권·공화와 같은 서구 사상을 본격적으로 받아들이게 되면서 바뀌기 시작했다. 후일 이승만은 1912년에 쓴 자신의 「자서전 초고」(Autobiographical Notes)에서 이렇게 회고했다.

"내가 배재학당에 가기로 한 것은 영어를 배우려는 큰 야심 때문이었고, 그래서 나는 영어를 열심히 공부했다. 그러나 나는 영어보다도 더 귀중한 것을 배웠는데, 그것은 정치적 자유이다. 한국의 대중이 무자비한 정치적 탄압 속에서 살고 있다는 것을 조금이라도 아는 사람이 기독교 국가에 사는 사람들은 법에 의해서 그들 통치자의 독재로부터 보호되어 있다는 사실을 처음 들었을 때, 이 젊은이의 마음속에 어떠한 혁명이 일어났을 것이라는 것은 쉽게 상상할 수 있을 것이다."

이 깨달음에 대한 고마움을 이승만은 평생 잊지 않았다. 이승만은 대통령이 된 후 자신의 젊은 시절 멘토였던 올리버 에비슨 선교사에게 건국훈장을 수여하면서 이렇게 술회했다.

"에비슨 박사는 그가 이 땅에 전한 기독교 정신으로부터 오는 자유주의 사상의 상징으로써 본 대통령과 신실한 친구였으며, 또 본 대통령의 청년시기에 기독적 민주주의의 새 사상을 호흡케 하였다."

따라서 미국에 대한 청년 이승만의 인식은 지극히 긍정적이었다. 『독립정신』 제17~20장에서 이승만은 △미국 백성이 누리는 권리 △미국 독립의 역사 △「미국 독립선언문」 △미국의 남북전쟁을 상세하게 소개하고 있다. 이를 보면 그가 미국을 우리가 본받아야 마땅한 기독교적 이상국가(理想國家)로 여기고 있었음을 느낄 수 있다.

그렇다고 청년 이승만이 서양문물을 맹종한 것은 아니었다. 서재필이 배재학당에서 서양식 토론을 가르칠 때의 일이다. 어느 날 서재필이 "미국에서는 남이 연설할 때 잘하면 손

바닥을 마구 때려 박수라는 것을 하는 법"이라면서 "여러분도 잘한다고 생각되거든 그렇게 해보시오"라고 말했다. 이승만은 '아무리 미국 것이 좋다고 하더라도 그런 것까지 흉내 낼 필요가 있겠느냐'는 생각이 들어서 일부러 "자, 그럼 우리 박수합시다" 하고 큰소리로 말하면서 박수를 선도했다. 그러자 서재필은 "좋으면 혼자서 박수하지 남까지 꼭 같이 하자고 권할 것은 뭐야!" 하고 핀잔을 주었다. 강당 안은 한바탕 웃음판이 되었다.

이 일화는 청년 이승만이 서양의 신문물을 왕성하게 흡수하던 시절에도, 서양의 것이라고 무조건 맹종하지는 않았다는 것을 보여준다. 이러한 주체성은 이후 이승만을 구성하는 중요한 요소 가운데 하나가 된다.

트라우마로 남은 밀사密使 외교

고종폐위 음모에 연루되어 5년간 투옥되었던 이승만은 러일전쟁 후인 1904년 민영환과 한규설의 밀명을 받고 미국 대통령 시어도어 루스벨트에게 대한제국의 독립을 호소하기 위해 미국으로 건너갔다. 그는 1905년 8월 4일 휴양지 오이스터 베이에서 루스벨트 대통령을 만났다. 이승만은 하와이에서 조우한 윌리엄 태프트 미 육군장관의 「소개장」과 하와이 교민들의 「청원서」를 제시하고 조미수호조약에 따라 대한제국의 독립을 위해 애써달라고 호소했다. 루스벨트는 "당신들이 이 문서를 귀국 공사관을 통해서 제출한다면 나는 그것을 중국의 청원서와 함께 강화회의에 제출하겠다"고 대답했다.

이승만은 이에 무척 고무되었다. 그러나 유영익 교수의 지적처럼 루스벨트의 답변은 의례적인 '레토릭'의 수준을 넘어선 '기만행위'였다. 그보다 얼마 전인 7월 31일 루스벨트의 밀명을 받은 태프트 육군장관이 일본 수상 가쓰라 다로를 만나 한국을 일본의 영향력 아래 두는 데 동의하는 밀약을 맺었기 때문이다. 가쓰라-태프트 밀약은 19년 후인 1924년에야 세상에 알려졌다.

이때 미국의 배신행위에 대해 후일 이승만은 『일본의 가면을 벗긴다』에서 이렇게 비판했다.

> 미국은 일본에 영향력을 행사하여, 미국은 한국을 도와주어야 할 조약상의 의무가 있으며, 일본도 한국의 정치적 독립과 영토보전의 존중을

약속한 한국과의 조약을 준수해야 한다고 강조해야만 했다. 미국이 이 의무상 똑바른 길을 가는 대신에 조미수호조약을 무시함으로써 일본이 한국과 체결한 조약도 파기하도록 방조했다. 이런 일을 자행함으로써 그 후 그들은 조약파기 시대의 문을 부지불식간에 열게 되어 그것이 현재 유럽과 아시아에서의 혼돈과 무질서의 직접적인 원인의 하나가 된 것이다. 참으로 이것은 영광스런 미국 역사의 한 페이지를 오점으로 물들였다. 한국은 평화애호국가로서 국제조약의 신성함을 신뢰하다가 막대한 희생을 지불했다.

이 사실은 이승만에게 평생 트라우마로 남았다. 일례로 이승만은 1953년 7월 한미상호방위조약 체결을 위해 방한한 월터 S. 로버트슨 미 국무부 극동담당차관보에게 이렇게 말했다.

"미국에 대한 우리(한국)의 확고부동한 신뢰에도 불구하고, 우리는 1910년 일본의 한국합병과 1945년 한반도의 양분에서 볼 수 있듯이, 과거 두 번씩이나 (미국에 의하여) 배신당했다. 지금 사태 진전은 또 다른 배신(sellout)이라고 부를 수 있는 그 어떤 것을 시사하고 있다."

이 사건은 청년 이승만에게는 큰 좌절이었다. 하지만 이를 계기로 이승만은 미국에 대한 막연한 환상에서 벗어나 냉혹한 국제정치현실을 깨닫게 되었다. 그리고 이 경험을 바탕으로 후일 '외교의 신(神)'으로 불릴 정도로 능수능란한 외교가(外交家)로 성장하게 되었다.

외교독립운동, 미美의 태평양정책에 부딪혀 좌절 거듭

이후 이승만은 미국에서 유학생활을 시작했다. 그는 불과 5년 만에 조지타운 대학교에서 학사, 하버드 대학교 및 프린스턴 대학교에서 석사, 그리고 프린스턴 대학교에서 박사학위를 받았다. 서양사(특히 미국사), 정치학, 외교학, 국제법 등 근대적 학문을 전공한 한국인 최초의 국제정치학자가 된 것이다. 이러한 경험이 후일 이승만의 둘도 없는 자산이 되었음은 물론이다.

이승만은 1919년 이후 대한민국 임시정부의 대통령, 구미위원부 대표, 워싱턴 군축회의(1921년 11월~1922년 2월) 및 국제연맹(1933년) 한국대표단 전권대사로 외교를 통한 독립운동을 벌였다. 이를 흔히 '외교독립론'이라고 한다. 이승만의 '외교독립론', 좀 더 엄밀하게 말하면 '친미외교독립론'은 단순히 독립운동상의 방법론을 넘어 독립 후 미국식 자유민주주의와 자본주의체제에 바탕을 둔 국가를 세우겠다는 그의 비전과도 밀접한 관련이 있었다.

하지만 냉정하게 말해서 당시 이승만의 외교독립론은 별다른 반향을 얻지 못했다. 그는 1919년 5월 미국 워싱턴에 구미(歐美)위원부를 개설한 후, 프린스턴 대 은사이기도 한 우드로 윌슨 미국 대통령에게 대한민국임시정부의 승인을 요청하고, 이어 파리강화회의에 참석하기 위한 여권발급을 호소했지만, 뜻을 이루지 못했다. 1921년 워싱턴 군축회의 개막을 앞두고는, 하딩 미국 대통령에게 한국대표단의 회의 참가 허용을 요청하면서 한국의 독립을 위한 「청원서」를 보냈지만, 이 역시 무시당했다. 이는 당시 미국이 시어도어 루스벨트 이래 일본과의 대화와 타협을 통해 태평양의 안정을 유지한다는 외교정책을 펴고 있었기 때문이었다.

상황이 바뀌기 시작한 것은 1931년 만주사변 이후부터였다. 일본의 만주침략은 미국이 19세기 후반 이래 만주와 중국에서 추구해오던 '문호개방'원칙에 반하는 것이었다. 제1

차 세계대전 이후 일본이 태평양상에서 세력을 확장하는 것을 경계해오던 미국은 만주사변이 발생하자 '스팀슨 독트린'을 발표, 일본의 만주침략을 비난했다. 이승만이 1932년 12월 만주사변 문제를 다루기 위해 제네바에서 열리는 국제연맹회의에 참석하기 위해 미 국무부에 여권을 신청했을 때, 스팀슨 당시 국무장관이 특별 여권을 발급해준 것은 이러한 정세변화와 관계가 있다. 여담이지만, 덕분에 이승만은 이듬해 제네바에서 평생의 반려가 되는 프란체스카 도너와 만날 수 있었다.

앨저 히스와의 충돌

이후 이승만은 태평양의 패권을 둘러싸고 미국과 일본이 조만간 충돌하게 될 것이라고 여러 차례 이야기한다. 그러한 주장의 결정판이 1941년 6월 펴낸 『일본의 가면을 벗긴다(*Japan Inside Out*)』였다. 이 책에서 이승만은 일본의 침략야욕을 고발하면서 미일전쟁이 목전에 박두했다고 경고했다. 그로부터 6개월 후, 일본이 진주만을 기습하면서 이 경고는 현실이 됐다. 이승만은 '예언자'라는 칭송을 들었고, 책은 베스트셀러가 되었다.

태평양전쟁이 발발하자 이승만은 대한민국임시정부로부터 주미외교위원부(1925년 폐지된 구미위원부의 후신) 위원장에 임명되어 공식적인 대미(對美)외교활동을 재개했다. 그의 주된 임무는 대한민국임시정부에 대한 승인과 군사적 지원을 획득하는 것이었다. 하지만 이때에도 그는 기대한 성과를 거두지는 못했다.

그 이유는 무엇일까? 미국정부는 표면적으로는 한국 독립운동진영의 분열과 임시정부의 대표성 결여를 이유로 들었다. 더 큰 이유는 미국의 글로벌 전략과 관련이 있었다. 당시 프랭클린 루스벨트 미국 대통령은 소련과 협력해서 독일·일본 등 추축국과의 전쟁을 치르고, 더 나아가 전후(戰後)세계질서도 소련과의 협력을 통해 재구축한다는 구상을 갖고 있었다. 미 국무부 내에서 이러한 구상을 실천에 옮기던 대표적인 '뉴딜 보이'가 바로 국무부 장관 특별보좌관 앨저 히스였다.

이승만은 1942년 1월2일 국무부를 방문, 앨저 히스, 스탠리 혼벡 극동국장을 만났다. 이승만은 임시정부에 대한 승인과 지원을 요청하면서, "미국이 일본을 패배시킨 후 먼저 한국의 독립을 인정하지 않으면 러시아가 한반도에 진출해 한국을 강점할 것"이라고 역설했다. 히스는 미국은 동맹국인 소련의 기본정책에 반하는 어떤 종류의 사전행동도 취하지 않을 것이라고 반박했다.

이승만은 국무부를 나서면서 "세계문제에 대해 아무 경험도 없는 애송이"가 미국의 정책에 결정적인 영향을 주고 있다고 개탄했다. 이승만은 히스가 소련의 간첩이라고까지는 생각하지 않았다. 하지만 냉전이 끝난 후인 1990년대 중반 소련의 비밀전문을 해독한 「베노나 문서」가 공개되면서, 히스는 소련의 간첩이었음이 드러났다.

이승만의 전시(戰時) 외교가 모두 실패한 것은 아니었다. 이승만은 정보조정국(COI), 전략첩보국(OSS)와 함께 장석윤(후일 내무부 장관 역임)·유일한(유한양행 창립자) 등 재미동포들을 훈련시켜 일본과의 전쟁에 투입하는 방안을 추진했다.

또 이승만은 '미국의 소리(VOA)' 방송을 통해 1942년 6월 13일부터 7월까지 단파방송을 했다. 특유의 떨리는 목소리로 "나는 이승만입니다. 미국 워싱턴에서 해내, 해외에 산재한 우리 2,300만 동포에게 말합니다"로 시작되는 이 방송은 국내의 동포들(비록 소수이지만)에게는 해방의 날이 가까워졌음을 알리는 복음이었다. 이 방송은 오랫동안 잊혔던 이승만의 존재를 국내 동포들에게 환기시키는 데 결정적인 역할을 했다.

결론적으로 독립운동 시기 이승만은 끈질긴 노력에도 불구하고 미국이라는 '국가' 차원(특히 미 국무부)에서는 도움을 거의 받아내지 못했다. 하지만 이 시기에 시련과 좌절을 거치면서 이승만은 미국이라는 나라에 대해 더욱 잘 알게 되었다. 이는 해방 이후 그가 능란하게 대미외교를 펼칠 수 있는 자양분이 되었다.

하지와의 갈등

누군가의 말처럼 해방은 도둑처럼 찾아왔다. 일제 36년간 국권회복을 위해 투쟁해온 선열들의 고귀한 희생에도 불구하고, 냉정하게 말해서 그 해방은 우리의 힘으로 '쟁취'한 것이 아니었다. 그 대가는 주지하는 바와 같이 국토와 민족의 분단이었다.

38선 이남의 미군정 책임자가 된 존 하지 중장은 '태평양의 패튼'소리를 듣던 야전군인이었다. 오키나와에 있던 그의 24군단이 남한에 진주하게 된 이유는 일제가 항복할 당시 그의 부대가 한반도에서 가장 가까운 위치에 있었기 때문이다. 당연히 그에게는 한국에 최소한의 사전지식도, 이 땅을 어떻게 통치할 것인지에 대한 경륜도 없었다. 북한에 진주한 소련군 사령관 치스차코프 대장에게는 "조선 인민들이여! 조선은 이제 자유국가가 되었다……. 행복은 이제 당신들 손에 있다"고 사탕발림을 늘어놓을 수 있는 수완 좋은 정치장교들이 있었지만, 하지에게는 그런 부하도 없었다.

정치적 식견이 없는 하지가 할 수 있는 일은 군인답게 본국의 명령을 충실히 집행하는 것뿐이었다. 신분은 군인이었지만, 그에게 명령을 내리는 기관은 국무부였다. 그리고 국무부에는 내내 이승만과 갈등을 빚어온 용공(容共)성향의 '리버럴'한 관료들이 포진하고 있었다. 이후 진행되는 이승만과 하지의 대립·갈등은 실은 이승만과 미 국무부, 좀 더 정확히 말하면 이승만과 용공성향의 리버럴한 국무부 관료들 간의 대립·갈등이었다.

이승만은 1945년 10월 16일 귀국했다. 귀국과정에서도 곡절이 있었다. 미 국무부가 이승만의 여권에 기재된 '재미한국 고등판무관(즉 주미외교위원부 위원장)'이라는 직함에 대해 딴지를 걸면서 그의 귀국을 저지하려 한 것이다. 국무부는 맥아더 사령부와 하지 장군의 요청에 따라 마지못해 그의 귀국을 허용하면서도 '개인자격'으로 귀국하는 것이라는 단서를 달았다. 이는 그해 11월 19일 환국한 임시정부 요인의 경우도 마찬가지였다. 이는 해방 전 미국정부가 취했던 '임시정부 불승인' 입장의 연장선상에 있는 것이었다.

하지는 처음에는 이승만을 환영했다. 남한의 안정을 위해서는 민중들 사이에서 '우리 대통령 이승만 박사'라고 추앙받고 있던 이승만의 권위를 빌려야 한다고 생각했기 때문이다.

그러나 신탁통치 문제가 불거지면서 두 사람의 밀월관계는 깨어지고 말았다. 이승만과 김구를 중심으로 하는 우익진영은 신탁통치안에 대해 격렬히 반대했다. 하지만 당시 미국정부는 새로 창설되는 유엔이 제대로 기능하기 위해서는 소련의 협력이 절대적으로 필요하며, 이를 위해서라면 어떤 대가라도 치르겠다는 생각을 갖고 있었다. 본국 정부의 이러한 방침에 따라 미군정은 제1차 미소공동위원회를 개최하는 등 신탁통치안을 실천에 옮기기 위한 절차를 밟아나갔다.

하지만 제1차 미소공위는 이 공위의 협의대상이 될 정당·사회단체에 신탁통치에 반대하는 우익 정당·단체를 포함시킬지 여부를 놓고 논란을 벌이다가 성과 없이 끝나고 말았다. 이후 미 국무부는 남한 정국의 안정과 미소공위의 원활한 운영을 위해서는 좌·우익을 배제한 중도세력의 양성이 필요하다고 판단했다. 미군정이 여운형과 김규식을 내세워 좌우합작운동에 나선 것은 이러한 방침에 따른 것이었다. 좌우합작운동은 일부 인사들이 상상하는 것처럼 분단을 거부하는 이 땅 지도자들이 정치적 각성의 산물이 아니라, 미군정의 정치공작의 소산이었던 것이다.

이후 이승만과 하지의 관계는 급속히 악화되었다. 하지는 이승만과 그 지지세력을 정치무대에서 축출하기 위해 민주주의 원칙을 짓밟는 행위도 서슴지 않았다. 1946년 10월 말 실시된 남조선과도입법의원 민선의원 선거에서 우익진영이 압승을 거두었다. 총 45명 중 34명이 이승만을 지지하는 우익인사였던 것이다. 하지는 좌우합작위원회의 일방적 주장에 따라 타당한 이유도 대지 않고 서울·강원지역의 선거결과를 무효화했다. 이와 함께 미군정은 과도입법의원 중 관선위원 대부분을 중도 내지 좌익성향 인사들로 충원했다. 그들 중에는 미주 교민사회에서 일관되게 반이승만 활동을 해온 김원용과 김호도 포함되어 있었다. 이승만에 대한 미군정의 반감이 어느 정도였나를 짐작할 수 있게 하는 대목이다.

미군정은 여론조사 결과 조작도 했다. 미군정 수석홍보관 그린 대령은 1946년 6월 방한한 이승만의 홍보자문역 로버트 올리버 박사에게, "여론조사에서 70퍼센트의 한국인이 이 박사를 선호하는 것으로 나타나자, 러치 장군(미군정장관)의 명에 따라 「보고서」 내용을 조작해서 이 박사의 지지율을 과반수가 되지 않도록 했다"고 털어놓기도 했다(물론 공식적인 자리에서 한 얘기가 아니라 술김에 한 얘기였다).

이승만과 하지는 때로는 공개적으로, 또 때로는 상대방의 면전에서 직접적으로, 상대방에 대한 원색적인 인신공격을 서슴지 않았다. 올리버는 하지 사령관과 부사령관 겸 군정장관 러치 장군을 만났을 때의 일을 『이승만의 대미투쟁(*Syngman Rhee and American Involvement*)』에서 이렇게 기록했다.

> 그들은 이 박사가 과대망상증으로 거의 정신이 나간 사람이라고 말한다. 실제로 하지 장군은 이 박사에게 은밀히 면담해보도록 정신과 의사와의 만남을 주선하기도 했다. ……하지는 "이 박사가 미군정에 더 이

상 효용가치가 없어져가고 있으며 공개적으로 비난해서 그를 '파멸'시켜야 할지도 모르겠다"고 말했다.

건국을 위한 이승만의 투쟁

이에 대해 이승만은 방미(訪美)외교로 맞섰다. 1946년 12월에서 이듬해 3월까지 미국을 방문한 이승만은 미국 조야(朝野)인사들과 만나 하지의 실정(失政)과 소련의 야욕을 비판하면서, 미국의 대한(對韓)정책 변화를 촉구했다.

미 국무부는 이승만의 외교활동을 극심하게 방해했다. 이승만이 페터슨 육군장관과 만나려 하자 국무부 관리들은 "이승만이 한국 정계에서 가장 위험한 인물 중의 한 명이며, 어떤 한국인보다도 주한미군의 입장을 어렵게 만드는 인물"이라고 주장, 두 사람의 만남을 무산시켰다.

결국 이승만은 독립운동 시절에 그랬던 것처럼, 언론과 친한파 인사들을 대상으로 하는 홍보전에 주력할 수밖에 없었다. 이승만은 "북한군 50만 명이 남침을 준비 중이다"라는 등 센세이셔널한 얘기를 하면서 언론의 관심을 끌고자 애썼다.

일제하에서 이승만의 외교활동(특히 미 국무부를 상대로 한)이 그랬던 것처럼, 이때의 외교활동도 그 자체로서는 가시적인 성과를 거두지 못했다. 하지만 이승만은 운이 좋았다. 1947년 3월12일 트루먼 미국 대통령이 소련과의 협력노선을 포기하고 그리스 등 공산주의에 저항하는 나라들을 지원하겠다고 나선 것이다. '트루먼 독트린'이다.

'트루먼 독트린'은 그동안 이승만이 주장해온 반공·반소 노선과 궤를 같이하는 것이었지만, 이승만이 거기에 직접적인 영향을 미친 것은 아니었다. 영향을 미칠 수도 없었다. 하지만 국민들은 '트루먼 독트린'을 이승만의 외교적 성취로 받아들였다.

'트루먼 독트린'에도 불구하고 미 국무부와 하지 사령관은 종전의 관성에서 쉽게 벗어나지 못했다. 미군정은 이승만을 사실상 가택연금하고, 우편물들을 검열했으며, 정치자금 루트를 봉쇄했다. 이승만에 대한 대안으로 삼기 위해 서재필을 귀국시키기도 했다. 이승만이 '미국의 앞잡이'였으면, 미군정과 미 국무부가 이런 일들을 벌였을까?

이후 미국은 미소공동위원회를 통해 한반도 문제를 풀어가려던 노력을 포기하고, 한국문제를 유엔에 상정했다. 그러면서 이승만과 미국, 이승만과 하지의 관계도 개선되었다.

그러나 해방공간에서 이승만과 미국의 전반적인 관계는 대립·갈등 관계였다. 일부가 상상하는 것처럼, 이 시기의 이승만은 '미국의 앞잡이'가 되어 분단을 선도하고 남한의 주도권을 잡아갈 만한 위치에 있지 않았다. 이승만이 1946년 6월 3일 이른바 정읍 발언을 했을 때에도 미군정의 반응은 싸늘했다. 군정장관 러치 소장은 6월 10일 기자회견에서 이렇게 말했다.

> "만일 이 박사가 남조선에 따로 정부를 세워야 한다고 하였다면 그것은 그의 입장에서 한 말이고 군정청을 위해 한 말은 아니다. ……나는 군정장관으로서 남조선 단독정부 수립에 대해서는 전연 반대한다."

한 마디로 이승만은 '미국의 앞잡이'가 되어 대한민국을 건국한 것이 아니었다. 이승만은 건국에 이르는 고비 고비마다 미군정 및 미 국무부와 박 터지는 싸움을 벌이면서 대한민국 건국을 '쟁취'해낸 것이다.

미국, 건국 후 이승만의 안전보장 요청 거부

1948년 8월 15일 대한민국이 건국됐다. 이듬해 1월 1일 미국은 대한민국을 승인했다. 하지만 이승만과 미국의 갈등이 완전히 해소된 것은 아니었다. 한국의 전략적 가치를 낮게 평가한 미국은 어떻게 해서든 스타일을 구기지 않고 한국에서 발을 뺄 궁리만 했다. 미국은 이승만의 간절한 호소에도 불구하고 1949년 470여 명의 군사고문단만을 남긴 채 주한미군을 철수시켰다.

이승만은 1949년 4월 조병옥을 미국에 특사로 파견, 군사원조를 요청했다. 조병옥은 애치슨 미 국무장관을 만나 △한국군 병력을 6만 5,000명에서 10만 명으로 증강하고 이들과 5만 명의 예비병력을 유지하기 위한 무기와 장비지원을 해줄 것 △한국이 무력침공을 받을 경우 미국이 한국의 안전을 보장한다는 약속을 공개적으로 해줄 것 △미국이 주도하는 NATO와 같은 태평양지역동맹체를 결성하여 한국의 안전을 보장해줄 것 등을 요청했지만 거부당했다.

경제원조도 제대로 이루어지지 않았다. 트루먼 정부가 내놓은 1억 5,000만 달러 규모의 대한원조법안은 의회에서 삭

감과 부결을 거듭하다가 6.25 발발 직전에야 간신히 의회를 통과했다.

상황이 이렇게 되자 이승만은 한국이 다시 한 번 미국으로부터 버림받는 것이나 아닌지 노심초사했다. 그러한 불안은 1950년 1월 12일 '애치슨 선언'으로 가시화되었다. 유사시 유엔을 통한 개입의 여지를 남겨두었다고는 하지만, 미국의 아시아태평양 방위선에서 한국이 배제된 것은 외면할 수 없는 사실이었다. 애치슨이 의도했건, 의도하지 않았건 간에, 이 선언은 남침을 모의하던 김일성, 스탈린, 마오쩌둥에게는 둘도 없는 청신호였다.

이승만이 '미국의 앞잡이'였다면, 미국이 대한민국 건국에서 6.25에 이르는 시기 동안 이렇게 이승만을 박절하게 대할 수 있었을까?

한국전쟁과 한미상호방위조약의 '쟁취'

결국 1950년 6월 25일 북한이 남침했다. 이승만은 미국에 전적으로 의존하는 입장이 되었다. 7월 14일, 이승만은 국군의 작전권을 맥아더 유엔군 사령관에게 넘겼다. 맥아더는 1948년 8월 15일 대한민국 정부수립기념식장에서 "대한민국이 공산주의자들의 침략을 받을 경우, 캘리포니아를 지키듯이 한국을 방위하겠다"고 이승만에게 다짐했다. 그리고 1950년 9월 15일 인천상륙작전을 성공시켜 그 약속을 지켰다.

그런데 1950년 9월 28일 서울 수복을 하기 직전, 맥아더는 워싱턴으로부터 한 통의 「전문(電文)」을 받았다. "이승만 정권을 회복하려는 당신의 계획은 고위층의 승인을 받아야 한다"는 내용이었다. 미국은 여전히 이승만을 탐탁지 않게 생각하고 있었던 것이다. 이에 대해 맥아더는 즉각 "현존하는 정부가 기능을 정지하였던 일이 없다는 사실에 비춰 서울의 상황이 합당한 안정을 허용하리만큼 충분히 안정되는 즉시 (이승만) 정부는 그곳으로 복귀되어야 할 것"이라고 반박했다. 그리고 서울이 수복되자마자 이승만 대통령에게 행정권을 이양했다.

1951년 이후 휴전협정이 진행되면서 이승만과 미국의 갈등은 다시 내연(內燃)하기 시작했다. 미국정부는 한국전쟁이 세계대전으로 번지는 것을 막기 위해 휴전으로 한국전쟁을 '봉합'하려 했다. 미국 국민은 그들이 알지도 못하는 나라에서 자신의 자식들이 죽어가야 하는 이유를 이해하지 못했다. 소련의 유럽 침공을 두려워하던 영국 등 미국의 동맹국들도 하루빨리 한국에서 발을 빼고 싶어 했다. 때문에 "휴전은 한국에 대한 사형집행영장"이라며 북진통일을 외치는 이승만과 미국의 갈등은 불가피했다.

1953년 6월, 휴전협정의 막바지 단계에서 아이젠하워 미국 대통령은 마크 클라크 유엔군사령관을 통해 이승만에게 휴전에 동의해줄 것을 요청했다. 이승만은 클라크 사령관에게 이렇게 답했다.

> "우리는 살기를 희망하오. 분명히 말해두지만 우리는 생존을 희망하는 것이오. 그렇소. 우리는 우리의 운명을 우리 스스로 결정하겠소. 우리 민족은 영원히 존속해야 하오. 민족의 생존권은 어느 누구도 박탈할 수 없소. 미국이? 천만에. 좀 안됐지만 나는 이러한 정세 아래에서 협력하겠다는 보장을 아이젠하워 대통령에게 줄 수 없소. 나 이승만은 미국인이 아니오. 아이젠하워 대통령도 우리 한국의 대통령이 아니오. 이 나라의 대통령은 나요. 나는 내 민족을 위해서 분명히 내 주장을 펼치겠소. 이는 우리 민족이 바라는 것이오. 이해하여주기 바라오."(마크 K. 클라크, 『다뉴브 강에서 압록강까지』, 국제문화출판공사, 1981)

클라크 사령관은 이승만과 만난 후인 1953년 6월 7일 "이 대통령이 지극히 비합리적이고, 전혀 양보할 기미가 없다"고 미 합참에 보고했다. 그리고 같은 달 18일 이승만은 2만 7,000여 명의 반공포로 석방을 단행했다. 존 F. 덜레스 미 국무장관은 양유찬 주미대사에게 "이 대통령의 처사는 등 뒤에서 칼로 찌르는 격"이라며 격하게 항의했다.

이승만이 이처럼 완강하게 휴전협정에 반대하자, 미국은 그를 제거하려는 생각까지 했다. 그것이 미8군이 수립한 '에버레디(Everready) 계획'이다. 이 계획은 한국군이 유엔군의 작전권을 벗어날 경우(즉 한국군이 휴전협정에 따르지 않을 경우) 반항적인 지도자를 제거하고, 그들에 대한 모든 지원을 중단하며, 필요할 경우 유엔군 지휘하의 군사정부 수립도 검토한다는 내용을 담고 있었다. 미국은 이보다 전인 1952년 5월 부산정치파동 당시에도 이승만 제거 계획을 궁리한 바 있었다.

반공포로석방 후 방한한 로버트슨 미 국무부 차관보는 이승만과 힘겨운 줄다리기 끝에 "휴전에 서명하지는 않지만, 휴전을 방해하지는 않겠다"는 약속을 받아냈다. 그 대신 로버트슨은 한미상호방위조약의 체결, 전후(戰後) 복구를 위한 경제 원조, 20개 사단으로 한국군 증강 등을 약속했다.

1953년 7월 27일 휴전협정이 조인됐다. 서울에서 변영태 외무부 장관과 덜레스 미 국무장관이 '대한민국과 미합중국 간의 상호방위조약(한미상호방위조약)'에 가(假)조인한 것이 그 해 8월 8일, 양국 대표가 이 워싱턴에서 이 조약에 공식적으로 조인한 것이 10월 1일이었다. 이 조약은 양국 의회의 비준을 거쳐 이듬해 11월 17일 정식으로 발효되었다. 한미상호방위조약이 가조인된 다음 날인 1953년 8월 9일, 이승만은 대국민담화를 통해 이렇게 말했다.

"이제 한미방위조약이 체결되었으므로 우리의 후손들은 앞으로 누대에 걸쳐 이 조약으로 말미암아 갖가지 혜택을 누릴 것이다. 이 분야에 있어서 한미 양국의 공동노력은 외부 침략자들로부터 우리를 보호하여 우리의 안보를 오랫동안 보장할 것이다."

이승만의 말처럼, 우리는 지난 60여 년 동안 한미상호방위조약으로 인한 혜택을 만끽했다. 약간의 국지적인 분쟁을 제외하고는 지난 60여 년 동안 한반도에서 전쟁이 재발하지 않았다. 개발연대에는 경제발전에 매진할 수 있었고, 산업화의 성과를 바탕으로 민주화로 이행할 수 있었다.

1980년대 이래 데모와 파업으로 날을 지새워도 휴전선은 흔들리지 않았다. 지척에 있는 북한공산집단으로부터 도발 위협을 받고 있는데도, GDP 대비 2.42퍼센트밖에 국방비를 쓰지 않으면서 무상급식이니 뭐니 하는 데는 돈을 펑펑 쓰고 있다.

얼마 전 김정은이 준전시상태를 선포해가면서 공갈협박을 해도 국민들이나 외국인 투자자들은 전혀 동요하지 않았다. 이 모든 게 한미상호방위조약 덕분이었다. 무엇보다도 한미방위조약은 한국이 낡은 중국문명의 탯줄을 끊고 해양국가로 문명사적 전환을 하는 데 든든한 안전판이 되어주었다.

한미상호방위조약은 미국이 자신의 '앞잡이'인 이승만에게 거저 준 선물이 결코 아니었다. 앞에서 살펴본 것처럼, 미국의 휴전 노력에 완강하게 저항하고, 때로는 몽니를 부리면서, '쟁취'해낸 것이다. 이를 위해 이승만은 자신의 정치적 생명까지 걸어야 했다. 냉전사의 대가인 존 루이스 개디스는 『냉전의 역사』에서 이렇게 말한다.

"이승만은 휴전을 파기하는 데는 성공하지 못했으나 아이젠하워 행정부에 '종속된 동맹국(dependent ally)'이라고 해서 반드시 '맹종하는 동맹국(obedient ally)'는 아니라는 신호를 보낸 것이다."

전후의 한미갈등

6.25가 끝난 후에도 미국과 이승만의 갈등은 해소되지 않았다. 이승만과 미국은 국제정치(한일국교정상화), 경제(미국의 대한원조, 환율정책), 국내정치(사사오입 개헌, 국가보안법 파동, 조봉암 처형), 군사(한국군 감축) 등 곳곳에서 부딪혔다.

당시 미국 정치권은 제2차 세계대전 이후 계속해서 팽창해 온 대외원조를 줄이라는 유권자들의 압력에 직면해 있었다. 하지만 미국으로서는 공산주의의 확산을 저지하는 것도 중요했다. 그래서 그 타협안으로 나온 것이 아이젠하워 행정부의 '뉴룩(New Look) 전략'이었다. 이 정책은 동북아에서는 일본을 경제적·군사적으로 재건해서 극동정책의 중심축으로 삼는 것으로 나타났다. 이를 위해 미국은 이승만 정부에게 미국이 제공한 원조의 상당 부분을 일본으로부터 물자를 구입하는 데 사용하라고 강요했다. 미국으로서는 같은 돈을 가지고 한국을 원조하면서 일본의 경제발전도 돕는, 일석이조(一

石二鳥)의 탁월한 선택이라고 생각했을 것이다. 미국은 이를 '1달러로 2달러의 효과를 거두는 정책'이라고 표현했다.

하지만 이승만에게 그것은 한국이 외교적·경제적으로 일본의 종속변수가 되는 것을 의미했다. 이승만은 미국의 요구를 거부하면서, 한국이 원조자금을 보다 자율적으로 운용해 산업건설에 쓸 수 있게 해달라고 요구했다. 이승만의 홍보자문역이던 올리버는 "한국의 군사적 상황에 대한 그의 견해와 일본을 아시아의 강대국으로 다시 세우려는 미국의 지원에 대한 그의 불만으로 말미암은 이 대통령과 미국정부 사이의 긴장관계는 한국 원조 프로그램의 운영에 대한 의견충돌로 이어졌다"고 회고했다.

고(故) 김일영 성균관대 교수는 이승만의 북진통일론과 1952년의 부산정치파동도 미국의 동북아전략과 그에 대한 이승만의 반발이라는 관점에서 분석한 바 있다.

"북진통일론을 단순히 호전적 반공주의자의 공갈로만 본다면, 직선제 개헌론 역시 독재자의 권력연장술책에 불과한 것이 될 것이다. 그러나 북진통일론을 일본을 중심으로 생각하는 미국의 동아시아정책과 재분단을 겨냥한 미국의 한반도 정책에 대한 약소국의 견제수단이자 협상

수단으로 생각한다면, 직선제 개헌론은 집권연장책 이상의 의미를 지니게 된다."

부산정치파동 당시 무초 주한미국대사는 장면을 지지했고, 밴 플리트 장군은 미국이 반이승만적 입장임을 한국 군부 장성들에게 암시하고 다녔다. 앞에서 얘기했던 것처럼, 이때도 미국은 유엔군 혹은 한국군을 동원해 정권을 접수하려는 계획을 세웠다. 육군작전교육국장 이용문 준장은 이러한 미국 측 계획에 호응해 병력동원을 모색했다. 이때 실병 지휘관으로 예정되어 있던 사람이 작전교육국 차장 박정희 대령이었다.

하지만 미국은 전쟁지도자로 이승만에 버금가는 인물을 찾아낼 수 없었다. 결국 미국은 대통령직선제를 주장하며 사실상의 친위쿠데타를 감행한 이승만과 내각책임제 개헌을 주장하던 야당 모두에게 타협을 요구했다. 그 결과가 발췌개헌이었다. 이건 사실상 이승만의 승리였다.

하지만 전쟁이라는 위기상황이 끝나자, 미국은 이승만에 대해 더 이상 인내하기 어려워졌다. 사사오입(四捨五入) 개헌, 국가보안법 파동, 경향신문 폐간, 조봉암 처형 등을 놓고 한

미 간의 갈등은 쌓여만 갔다. 1960년 4.19가 일어나자 월터 매카너기 주한미국대사가 이승만의 하야를 압박하고 나선 것은 그런 축적된 불만의 소산이었다.

이승만은 용미주의자

미국 선교사들의 영향을 받아 '개화'한 이승만은 청년 시절 이래 평생 이 땅에 '미국처럼 자유롭고 민주적이며 번영하는 기독교 국가'를 만들겠다는 꿈을 가졌다. 이런 의미에서 이승만은 부인할 수 없는 친미주의자였다.

하지만 독립운동 시기는 물론이고 해방 후 건국에 이르는 시기, 6.25전쟁 중, 그리고 전후 재건기에, 이승만은 내내 미국과 대립하고 갈등을 빚었다. 이는 이승만의 독립의지와 애국심·자주성이, 한국의 국제전략적 가치를 아주 낮게 보는 미국의 대외정책과 계속 충돌한 결과였다.

이승만은 그런 상황에서 국제정치에 대한 통찰력, 단호한 결단력을 바탕으로 '벼랑 끝 외교' 전술을 구사하면서 최대한의 외교적 성과를 이루어냈다. 대한민국의 건국과 한미상호방위조약은 그 양대 정점(頂點)이었다. 아이젠하워 미국 대통령은 자신의 「일기장」에 이렇게 적어놓았다고 한다.

"이승만이 철저하게 비협조적이고, 나아가 반항적이기까지 한 사례들을 담은 긴 목록을 만들어서 열거하기 위해 시도하는 것은 불가능하다……. 이승만은 지금까지 너무나 마음에 들지 않는 동맹자(an unsatisfactory ally)였기 때문에 그를 가장 심한 말로 통렬히 비난해도 조금도 지나치지 않는다."

더 나아가 아이젠하워는 알렌 덜레스 CIA 국장에게 "이승만은 우리의 친구가 아니라 적(敵)"이라고 투덜대기까지 했다. 미국 대통령이 '적'이라고까지 극언했던 분을 우리 사회 일각에서는 '미국의 앞잡이'라고 폄하하고 있다. 코미디도 이런 코미디가 없다. 마지막으로 차상철 충남대 교수가 『외교가로서의 이승만 대통령』에서 한 말을 인용하는 것으로 이 주제의 결론을 대신하고자 한다.

태어날 신생 독립국가의 최고 지도자가 되려는 커다란 야망을 품어온 이승만은 맹목적인 친미주의자는 결코 될 수 없었다. 수십 년 동안 미국 유학과 망명생활을 하면서, 미국이 저질렀던 배신행위와 기만, 그리고 무관심으로 이승만이 겪어야만 했던 쓰라린 체험들은 그로 하여금 맹목적 친미주의자가 아니라 미국의 정치와 외교의 속성을 누구보다도 잘 아는 철저한 '지미(知美)주의자'로 만들었다. 나아가 강대국에 의한 약소국의 희생이 다반사처럼 자행되는 냉혹한 국제정치의 현실에서, 이승만은 초강대국인 미국이 지닌 힘과 영향력을 너무나도 익히 알고 있었기 때문에 한국의 독립과 생존의 확보를 위해 미국을 반드시 붙잡아야만 하는 '유일한' 국가라고 믿었던 철저한 용미(用美)주의자였다.

이승만은 항일투쟁을 했나?

펜이 칼보다 강한 것처럼
국제분쟁은 총보다 외교가 정답!

– 류석춘(연세대 사회학과 교수)

독립운동의 세 가지 노선

잘 알려져 있다시피 일제강점기에 진행된 독립운동 노선은 크게 세 가지로 분류된다. 첫째, 만주 등을 중심으로 일본의 군대나 경찰 혹은 행정기관 나아가서 일본 제국주의의 핵심 인물을 물리적으로 공격하는 이른바 '무장투쟁' 노선이다. 일제의 강점 1년 전인 1909년 안중근의 의거로부터 가시적으로 드러나기 시작한 이 노선은 1919년 3.1운동 이후 만주에서 본격적으로 진행되어 1920년 홍범도의 봉오동 전투 그리고 김좌진의 청산리 전투라는 쾌거를 이루었다.

그러나 그 이후 이 노선은 일본의 강력한 통제로 뚜렷한 성과를 내지 못하다가 1932년 김구가 이끈 임시정부의 주도로 이봉창과 윤봉길의 의거를 이끌어냈다. 이외에도 상당히 많은 무장투쟁이 중국이나 러시아를 중심으로 진행되었지만 대부분은 중국공산당 혹은 소련 공산당에 소속되어 그들의 지휘를 받는 활동이었다. 일본의 감시와 통제가 심했던 만큼 이 노선은 독자적인 활동이 어려웠다. 그래서 중국이나 러시아 등과 같이 인접한 국가에서 폭력투쟁을 용인하는 공산당 세력에 의지하며 활동하는 경향을 보인다. 독자적인 무장투쟁은 그만큼 어려운 상황이었다.

둘째, 국내의 민족주의 노선이 추구한 '실력양성' 노선이다. 일제가 강점한 한반도 내부로부터 역량을 키워 장차 다가올 독립에 대비하기 위해서는 교육 학술 언론 등의 활동이 필요하고 또 중요하다는 노선이다. 그러나 이 노선은 일제가 한반도를 강점하고 있다는 현실 때문에 해외에서 추구한 독립운동 노선과 비교하여 상대적으로 총독부의 눈치를 보지 않을 수 없는 약점을 가지고 있었다. 그래서 이 노선을 추구한 사람들은 오늘날 친일 논란에 일부 휩싸이기도 한다. 그러나 한반도에 사는 한민족이 모두 해외로 나가지 않는 한 이 노선의 중요성과 의미를 폄하할 수 없다. 동아일보사와 고려대학교를 세워 민족의 역량을 키운 김성수가 대표적인 인물이다.

셋째, 이승만으로 대표되는 미주에서의 '외교독립' 노선이다. 식민지 상황에서 즉 국가가 없는 상황에서 외교에 의해 독립을 추구하는 노선은 언론이나 출판 혹은 대중집회, 그리고 로비 등을 통해 각국의 여론 나아가서 세계 여론에 호소하여 한국의 독립이 필요함을 알리는 노력이다. 이 노선은 또한 이로부터 한 걸음 더 나아가 해외에 진출한 한국 동포들을 교육하고 계몽하여 그러한 노력을 더욱 효율적으로 강화시키는 방안도 포함한다.

이승만이 이러한 노선을 대표하는 인물이다. 그는 수학한 기간을 포함하여 35년 가까이 미국에 머물며 이 노선의 활동을 했다. 가장 대표적인 업적으로는 1941년 여름 미국에서 영문으로 출판해 베스트셀러가 된 책 『*Japan Inside Out*』(일본의 가면을 벗긴다, 비봉, 2015)을 들 수 있다. 이 책에서 그는 일본의 미국 공격을 예언했다. 진주만 공격이 있기 6개월 전의 일이다. 그는 또한 이 책에서 그로 인해 일본은 패망의 길로 들어서게 되며, 한국은 독립의 기회를 잡을 것이라 말했다. 노벨 문학상 수상자 펄벅은 이 책에 관한 서평을 『*Asia*』(1941년 9월호)에 쓰면서 다음과 같이 말했다.

> "이것은 무서운 책이다. 나는 이것이 진실이 아니라고 말할 수 있으면 좋겠으나 진실인 것이 너무 두렵다."

이승만은 또한 하와이에서 『태평양잡지』 등을 발행하고 '한인기독학교' 등을 세워 동포를 계몽하는 일에도 앞장섰다.

일부에서는 이러한 노선을 두고 상대적으로 손쉬운, 즉 목숨을 담보로 하지 않은 비교적 안전한 노선이었다는 비아냥도 한다. 하지만 이 노선은 해외에 진출한 한민족 내부의 역량에 기초해 독립운동을 추구했던 만큼 무장투쟁 노선같이 한민족 외부의 지원 내지 통제를 받지 않았다는 장점 그리고 일제나 총독부의 영향으로부터 자유롭다는 장점을 동시에 가지고 있다. 이 글은 세 번째 노선을 추구한 이승만에 대한 평가를 시도한다.

일부에서는 이승만을 '친일파'라고 폄하하기도 하지만 이승만이 남긴 기록과 활동을 살펴보면 이 주장이 얼마나 허황

된 주장인지 쉽게 알게 된다. 이승만은 초지일관 일본 제국주의를 비판하고 또한 무너뜨려야 한다고 주장했다. 이승만이 친일파라는 비난을 받을 수 있는 유일한 빌미는 건국 직후 진행된 친일청산 과정에서 반민특위 활동을 일부 견제했기 때문이다. 그러나 이 문제는 당시 준동하던 남한 공산화 책동에 대응해야 하는 이승만의 입장에서 불가피한 선택이었다.

1948년 새로 탄생한 국가의 건설을 주도해야 하는 건국 대통령 이승만으로서는 이미 사라진 적 일본을 따랐던 '친일파'를 정리하는 일보다는, 이제 새로 등장한 적 북한을 따르는 '공산세력'을 상대로 투쟁하는 일이 더욱 중요했기 때문이다. 특히 이 문제는 남북한의 친일청산 과정을 비교하면 더욱 확실하게 이승만의 손을 들어줄 수 있다. 류석춘·김광동이 『시대정신』 2013년(봄호)에 발표한 논문 「북한 친일청산론의 허구와 진실」이 이 사실을 잘 뒷받침하고 있다.

이승만의 독립운동 노선: 기록을 중심으로

여기에서는 대한민국이 해방되고 독립되기까지 이승만이

추구한 독립투쟁의 과정에서 드러나는 구체적인 기록을 중심으로 이승만의 일본에 대한 입장을 살펴보고자 한다. 자료는 두 가지다. 하나는 1904년부터 1944년까지 독립운동을 하며 손수 쓴 이승만의 '일기'이고, 다른 하나는 일기를 시작하기 전 한성감옥에 국사범으로 있던 시절, 즉 1900년에 원고를 마친 『청일전기』다. 이 두 문헌은 시간적으로 상당한 간격을 가진 기록이다. 1900년 이승만은 25세의 청년이었다. 「일기」를 시작한 1904년 그의 나이는 29세였고, 「일기」를 마친 1944년 그의 나이는 69세였다. 이승만 평생에 걸친 기록들이다.

『청일전기』

2014년 북앤피플이 출판한 『청일전기(淸日戰記)』는 청일전쟁(1894~1895)이 종료된 후 5년이 지난 1900년, 만 25세의 나이가 된 대한민국의 건국 대통령 이승만(1875~1965)이 한성감옥에서 순한글로 원고를 마무리한 책이다. 이승만은 정부 전복을 꾀했다는 이유로 독립협회 간부들과 함께 한성감옥에 투옥 중이었다. 출판은 원고가 마무리된 지 17년 후 하와이 태평양잡지사에서 이루어졌다.

1917년 출판된 『청일전기』 「서문」에서 이승만은 "만일 한인들이 오늘날 유구국(琉球國: 오키나와)이나 대만(臺灣: 타이완) 인종들의 지위를 차지하고 말 것 같으면 이 전쟁의 역사를 알아도 쓸데없고 오히려 모르는 것이 나을 터이지만, 우리는 결단코 그렇지 아니하여 태평양이 마르고 히말라야가 평지가 될지라도 우리 대조선 독립은 우리 한인의 손으로 회복하고야 말 터인즉 우리 한인이 갑오전쟁(청일전쟁)의 역사를 모르고 지낼 수는 없다"고 역설했다.

옥중에서 이승만은 청일전쟁에 관한 중국책 『중동전기본말(中東戰紀本末)』(1897)을 발췌 및 번역하고 그에 더해 "전쟁의 원인" 그리고 "권고하는 글"이라는 논설을 덧붙여 원고를 완성했다. 『중동전기본말』은 당시 중국에서 선교사 겸 언론인으로 활동하던 알렌(Young J. Allen, 林樂知, 1836~1907)과 중국 언론인 채이강(蔡爾康, 1852~1921)이 공동으로 편저해 1897년 전체 18권(전편 8권, 속편 4권, 3편 4권, 부록 2권)으로 출판한 청일전쟁에 관한 역사책이다. 중국(中國)과 동영(東瀛: 바다의 동쪽 나라, 즉 일본)의 전쟁을 처음부터 끝까지 해설한다는 의미에서 붙여진 이름이다. 이 책은 당시 우리나라에서 큰 관심을 끌었다. 언론인 유근(柳瑾, 1861~1921)이 돕고 사학자 현채(玄采, 1856~1925)가 발췌 및 정리하고 국한문으로 번역해 두 권의 책으로 묶어 1899년 『중동전기(中東戰記)』라는 이름으로 번역본이 출판된 사실이 이를 뒷받침한다. 1900년에 쓴 「서문」에서 이승만은 이 번역본을 참고해 원고를 썼다고 밝히고 있다.

"청일전쟁의 원인"(『청일전기』에 포함된 이승만의 글)

청국이 일찍 개화하여 자기 나라를 먼저 튼튼히 하고 대한을 개화시켰다면 일본이 싸움을 걸어올 기회를 얻지 못했을 것이다. 그러나 청국은 과거의 방식만 고집하다 조선을 잃어버리고 국제사회에서 큰 망신을 당했다며 분을 참지 못하고 있다. 생각하건대 만약 대한이 세계정세를 먼저 알았더라면 처음부터 이런 일은 생기지도 않았을 것이다. 청일전쟁으로 인해 대한이 독립국임이 세상에 알려졌으니 전쟁이 일어나지 않은 것보다는 낫다고 생각할 것이다. 그러나 그 내막을 들여다보면 이렇게 대한의 독립을 세상에 선포한 것이 일본에게는 영광이지만, 우리에게는 수치다. 사람이 오죽 변변치 못하면 제 권리를 제 손으로 찾지 못하고 이웃 친구가 대신 찾아줄 지경이 되었겠는가.

다른 나라 사람들은 몇만 명의 목숨을 바쳐가며 잃었던 독립 권리도 찾아서 보호하는데, 우리나라는 그것이 당연한 권리라는 것을 애초부터 몰랐기 때문에 대한의 독립을 한 번도 주장하지 못했다. 그러던 중 **일본**이 우리 대신 일어나 싸워주고 세계를 향해 생색내며 자랑하자 남들이 모두 의로운 싸움이라고 **일본**을 칭찬했다. 이는 진실로 우리에게는 분하고 원통한 일이다. 대한의 관리와 백성들이 이를 분하게 여겨 내 나라 독립을 우리 손으로 떨쳐보기를 한마음으로 결심한다면 이 수치를 씻을 날이 있을 것이다. 이를 분하게 여길 줄 알려면 먼저 그 내막을 알아야 한다. 그러자면 될 수 있는 대로 이런 종류의 책을 많이 보아 외국의 형편과 내 나라 형편을 자세히 공부하는 것이 급선무다.

오늘날 세계에 통용되는 국제법에는 속국으로 분류하는 몇 가지 조건이 있다. 우선 그 나라 내정을 상국(上國)이 간섭하여 임금이 임의로 결단하여 처리하지 못하며, 외국과 국교를 수립할 권리가 없어 다른 나라와 조약을 체결하려면 상국이 대신 공사를 보내 정해준다. 청국은 약 200여 년 전에 맺은 대수롭지 않은 언약(병자호란 때 청나라와 맺은 강화조약)을 이유로 거드름을 피우며 상국 행세를 했다. 옛날 관습으로 해마다 사신이 들어가 공물(貢物)이라는 명목으로 약간의 물건이나 받으면 흡족하게 여겼을 뿐 정치적으로는 조금도 일체 상관하지 않았다.

이때 동양에서 일본이 먼저 깨어나 세상 돌아가는 형편을 보니 옛 법만 고집하다가는 아시아가 모두 위태로울 지경이었다. 청국은 국제 정세에 어두워 점점 쇠약해져가고, 러시아는 동으로 진출하여 매년 청국 북방의 영토를 침탈해갔다. 또한 이전에 소위 청국의 속국이라던 나라들을 30년 동안 차례로 남에게 빼앗겨 태국, 미얀마, 베트남, 오키나와 등 여러 나라를 모두 잃고 대한 하나만 남았는데, 끝내 청국의 속국이라고 하다가는 대한마저도 누구의 손아귀에 들어갈지 모르는 상황이다. 오직 독립을 이룩해야만 국제법의 보호를 받을 권리가 생길 것이다.

본래 미국은 세계에서 남의 권리를 빼앗지도 않을뿐더러 남의 권리를 보호해주는 것을 의리로 아는 나라다. 때문에 조선과 통상하기 전에 청국 조정에 조선과 어떤 관계인지를 물었다. 당시 청국은 영국, 프랑스와 두 세 차례 전쟁(아편전쟁 및 청불전쟁)을 치른 후부터 서양 각국을 호랑이같이 무서워하고 있었다. 또 무슨 사건이 날까 두려워한 청국은 조선과 아무런 관계도 아니라고 대답했다.

일본과 미국이 즉시 조선과 조약을 맺고 독립국으로 예우하여 한성(서울)에 주재할 공사를 보냈다. 청국은 미국과 일본의 의도를 짐작하였으나 어리석은 생각에 겉으로는 조선이 속국이 아닌 체하고 속으로는 속국으로 취급하고자 했다. 그래서 황사림(黃仕林 · 황츠린), 오장경(吳長慶·우창칭), 원세개(袁世凱·위안스카이) 등을 차례로 보내 위엄을 보이고, 은혜를 베풀어 민심을 얻으려 했다. 한편으론 조선의 관리들을 회유하여 은밀히 말하기를 "우리가 세상에서 가장 강한 대국이니 조선은 속국된 직책만 잘 지키면 우리가 다 보호해주마" 하며 흥선대원군을 강제로 청국으로 데려가니 무례함이 막심했다.

외국인들도 청국이 그렇게 하는 속내를 알고 있었지만, 그들은 "청국이 이미 공문으로 조선은 속국이 아니라 했으니 그러한 비공식적인 행동은 어리석은 짓이다. 조선 신민이 깨달아 다른 나라로부터 무례한 대접을 받지 않는다면 관심을 기울일 필요가 없다"며 무시했다. 그러나 일본은 자기와 직접 관계가 있으므로 청국의 이런 행동을 몹시 미워하여 틈만 나면 조선 관리에게 알아듣도록 권유하며 청국의 술수에 넘어가지 않도록 힘써 막았다.

당시 조선 사람들은 개명하지 못하여 독립이 무엇인지도 모르고, 소위 상국을 배반하지 않는 의리가 있다 하여 대부분 청국의 종노릇하는 것을 당연하게 여겼다. 또한 청국을 세계에서 가장 큰 나라로 알고 태산같이 믿었기에 설령 독립이 좋은 줄 알아도 감히 독립하겠다는 마음을 먹지 못하였을 것이다.

이에 **일본**은 더욱 분하게 여겨 심지어 조선을 치자는 정한론(征韓論)이 일어나고 군사력을 길러 무력으로라도 기필코 청국과 시비를 가리려고 작정한 지 오래였다. 그런 까닭에 **일본**은 1885년 4월 18일에 청국과 천진(天津·톈진)조약을 체결하여 조선에 무슨 일이 있어 군사를 파견할 일이 생기면 서로 상대방에게 먼저 알리기로 했다.

그러나 청국은 이 조항에 무슨 뜻이 숨겨져 있는지 상세히 알지 못했다. 또한 **일본**을 과거의 허약한 **일본**으로만 알고 업신여기며 조약 내용만 철석같이 믿어 의심치 않고 여전히 세계정세에 어두운 채로 지내다 1894년 갑오년에 동학란이 발생하자 속국을 보호한다고 경솔하게 조선에 병력을 보냈다가 필경 **일본**과 전쟁이 벌어져 봉변을 당하고, 수도 북경(北京·베이징)까지 위태로운 상황이 되어서야 비로소 조선의 독립을 허락한다고 선언했다. 비록 이 사건의 빌미를 동학당이 제공했다 하나 실상은 청국과 대한이 세계정세에 어두워 그 원인을 제공한 지 오래였다.

우선 청국에 대해 말해보자. 청국이 진작부터 세상 돌아가는 사정을 깨달아 먼저 정치를 개명한 후 소위 속국이라는 몇몇 나라를 자기들이 직접 가르쳐 개명시켜놓고, 국제법의 이치에 따라 내정도 간섭하며 외교 정책의 기본 방향을 지시하고 이끌었다면 다른 나라가 처음부터 침범할 생각을 못했을 것이다. 그러나 청국은 이를 제대로 시행하지 못해 상책(上策)을 잃어버렸다.

이미 상책을 잃었으나 위태로운 상황을 알았으므로 남이 호의로 권하는 말을 들어 조선은 당당한 독립국이라고 세계에 선포하고, 대한을 진실되게 설득하여 스스로 변하게 했더라면 이웃 나라를 보호하려고 서로 의지하여 서양 각국들을 막자는 의리가 점잖다는 칭찬도 듣고 체면도 섰을 것이다. 그러나 이것도 제대로 못 했으니 중책(中策)마저 잃었다.

급기야 전쟁에 이르게 되자 일본은 작심하고 나서서 적당히 넘어가려는 청국의 낡은 풍습을 없애려고 공문을 보내 자신들의 뜻을 분명하게 밝혔다. 진작 일본의 생각을 파악하고 의심을 풀어줬다면 비록 하책(下策)이나 그다지 낭패를 당하지는 않았을 것이다. 그러나 청국은 일본의 의심을 풀어주지도 않고 여전히 세상 물정에 어두운 채 조선을 또다시 속국이라고 고집했다. 청국의 이러한 태도는 대한과 통상하는 여러 나라의 권리에도 영향을 미치게 되므로 그 잘못이 크다.

다음은 **일본**의 입장이다. **일본**이 대한 독립을 위해 청국과 싸운 것은 자기 나라의 이익을 위해서였지 이웃 나라에 대한 의리 때문이 아니었다. 그때 대한의 영토를 탐내거나 다른 이익을 도모하지 않은 이유는 각국의 여론 때문이었으므로 전혀 은혜라고만 할 수도 없지만, 1894년을 전후로 대한의 독립을 위해 힘쓴 것은 세상에서 모두 칭찬하고 있다.

만일 **일본**이 처음부터 끝까지 변함없이 자신들의 정책을 옳게 행사했다면 오늘날 동양 형편이 이렇게 (왕실이 아관으로 파천하고 혁신당의 갑오경장 실패) 되지는 않았을 것이다. 천만 뜻밖에 을미년 사변을 일으켜 감히 남의 나라 만세 국모(國母: 명성황후)를 시해하여 신민의 공분(公憤)을 일으키고 양국의 교제를 손상하여 대한의 형편이 크게 변했다.

일본은 대한에만 죄를 지은 것이 아니라 동양의 대세(大勢)를 그르쳐 각국의 이해관계에도 나쁜 영향을 미쳤다. 비록 서울에 주재하던 미우라 고로(三浦梧樓) 공사가 역당을 동원하여 제 마음대로 일을 벌인 결과라고 하나 **일본** 정부가 그 책망을 면할 수 없고, 조선에 수비 병력을 두어 남의 독립 권리를 침해했으니 당초 목적과는 크게 다른 것이다. 속히 군사를 철수하여 국제법을 준수하게 하며, 대한의 독립을 위해 싸운다는 애초의 명분을 지켜 이전의 모든 잘못에서 벗어나게 하는 것이 옳다.

대한의 경우, 영·미 각국과 통상조약을 체결한 날부터 이를 세계에 널리 알리고 자주독립국으로 처신하였다면, 이미 다른 나라들이 우리의 독립을 인정하여 조약을 체결하고 공사를 보냈으므로 반대할 사람이 없을 것이다. 더욱이 대한이 조약을 체결할 때 청국은 우리 내정에 간섭하지 못했고, 대한이 다른 나라와 조약을 체결할 때도 대한의 뜻대로 하는 것에 대해 말 한마디 못 했다. 뿐만 아니라, 만약 청국이 항의한다 하더라도 대한은 독립국이라고 한 말이 있기 때문에 그렇게 할 형편도 아니었다.

당시 서양 각국은 러시아를 막기에 전력하여 유럽으로 나오지 못하도록 했더니 러시아가 다시 아시아 동편으로 진출하기 위해 시베리아 철도를 건설하자 사정이 점점 급하게 되었다. 일본이 이 사실을 알고 하루빨리 진보하여 러시아의 동진을 견제할 전략을 연구하고 있을 때 대한과 청국은 정신을 못 차리고 잠을 자는 형세였으니 항상 염려하던 상황이었다.

만일 대한이 이 기회를 틈타 국제법에 따라 자주 독립권을 찾고 근대개화에 나섰다면, 대한만을 위해서가 아니라 아시아에서 러시아의 영향력이 확대되는 것을 싫어하여 다른 나라들이 스스로 힘을 합쳐 대한을 보호하며 개화를 도와주었을 것이다. 이런 국제정세의 흐름을 알지 못한 채 무슨 까닭인지 관민이 한 마음으로 남의 종노릇 하는 것을 달게 여겨 좋은 기회를 잃고 제 몸 하나 편할 도리만 생각하다 세계에 큰일이 생기게 하고 비로소 당당한 권리를 찾았지만, 이는 남의 체면만 세워주고 나는 바보 노릇을 한 것이니 남의 책망을 면하기 어렵게 되었다.

조선의 백성들이 오래전부터 부패한 탐관오리들의 착취행위로 도탄에 빠져 민심이 사나워진 것은 자연적인 현상이라고 할 것이다. 만일 탐관오리들의 부패한 행동에 격분하여 일어나더라도 법을 위반하지 말고 범위를 벗어나지 말고 올바른 방향으로 차분하게 대책을 세우려 했다면, 정부는 마지못해서라도 전국의 민심을 따라 그에 합당한 조치를 취했을 것이고 나라에 큰 도움이 되었을 것이다.

그런데 동학이라 이름하고 어리석게 정감록에 무슨 말이 있다, 혹 무슨 귀신을 부린다 하여 천하고 무식한 말을 믿고 도처에서 소요를 일으켜 필경 난민이 되고 말았다. 이는 내 나라에만 죄를 지은 것이 아니라 세상에 큰 죄를 지은 것이다. 기왕 일은 세상 물정에 어두워서 모르고 그랬다 치고 한번 경험한 후에는 능히 짐작할 만하거늘, 들으니 지금도 어리석은 백성들이 요사한 말을 믿고 작당하여 기도를 한다 하며, 부적을 써서 민심을 현혹케 하는 자들도 있다고 한다. 저들의 어리석음은 이루 말할 수 없거니와 나라를 위해서도 대단히 위태로운 일이다.

최근에 청국에 의화단(義和團)이라는 것이 생겨 동학과 같이 난리를 일으켜 북경을 침범하여 각국 공·영사를 살해하고 기독교 회당을 불 지르고 외국인을 몰아낸다고 하여 각국의 보호병과 여러 번 싸웠다. 천하가 군사를 일으켜 청국으로 들어가니 앞으로 어떻게 될지 모르겠으나 필경 천하에 큰 난리를 만들고, 자기 나라를 망하게 하고 끝내는 자기들도 다 죽을 것이다.

청국이 1894년에 자기들보다 국력이 약한 일본에게 여지없이 패하고도 오늘날까지 목숨을 부지하는 이유는 자기들의 힘이 넉넉해서가 아니라 각국이 서로 세력을 다투는 상황이었기 때문이다. 이런 형편을 우리가 자세히 알아서 기회를 잃지 말고 외교와 내치만 잘하면 남들이 우리를 넘겨다보는 행위가 다 막힐 것이다. 그럼에도 천하를 반대하여 여러 나라가 군사를 일으키도록 하니 나라 하나 망하는 것은 순식간의 일이거니와 동서양에 큰 난리를 자기들 손으로 만들어놓으니 어찌 애달프지 않겠는가.

더욱이 이 전쟁의 결과에 나라의 운명이 달린 대한이 가장 위태롭다. 그러나 이는 세계정세에 달렸으므로 어찌할 수 없다. 내가 간절히 바라는 바는 우리나라 신민들이 이제까지는 세상 물정에 어두워 서로 실수가 있었으니 탓하지 말고, 오늘부터라도 위태로운 형편을 분명히 깨달아 청국이 스스로 불러들인 참화의 행적을 교훈으로 삼고, 앞으로 오는 기회를 잃지 않는다면 국가나 세계에 다행일 것이다. 그중에 관민이 극히 조심할 것은 이런 상황에 처하여 지방에서 작은 소요라도 일어나면 난민이 된 백성이 먼저 죽을 것이고, 나라가 위태롭게 될 터이니 크게 염려할 일이다.

「이승만 일기」

아직 일반에게는 많이 알려지지 않았지만 이승만은 독립운동을 하면서 방대한 분량의 손수 쓴「일기」를 남겼다. 1904년 11월 4일부터 1934년 12월 28일까지 만 30년 그리고 1944년 1월 5일부터 같은 해 12월 31까지 만 1년, 합해서 총 31년간의「이승만 일기」가 영문으로 남아 전해지고 있다. 이들 일기는 서로 다른 크기의 수첩, 노트, 일기장, 그리고 타이핑한 B4 사이즈의 종이를 전통적인 방식으로 묶은 편책 등으로 구성되어 있으며, 원본은 현재 연세대 이승만연구원이 보관하고 있다. 「일기」는 현재 정리가 끝나 2015년 10월 연세대 이승만연구원과 대한민국역사박물관이 공동으로 국문본, 영문본, 그리고 영인본을 동시에 출판하였다.

「이승만 일기」에 등장하는 일본에 대한 언급을 살펴보기 위해 '일본'이라는 키워드로 검색을 했다. 일본이라는 단어가 단편적으로 등장하는 경우는 배제하고, 본격적으로 일본에 관한 자신의 견해를 피력하는 대목을 상당한 분량 찾을 수 있었다. 이 가운데 가장 대표적인 내용을 몇 가지 골라, 이승만이 일본을 어떻게 생각하는지 가감 없이 살펴보도록 한다.

1933년 1월 13일 「이승만 일기」(제네바 국제연맹회의에서 임시정부 전권대사 활동)

미 영사관에 들렀다. ……길버트 영사가 나에게 얻고자 하는 바가 무엇이냐고 질문을 하여 다음과 같이 응답했다. 우리는 국제연맹에 도움이 되기 위해 이곳에 왔으며 지금이야말로 중일 문제를 국제연맹의 실질적인 현안으로 올리기에 적합한 시기라고 생각한다. 1910년 강대국들은 **일본**의 세계 정복 계획을 알지 못했다. 단지 한국을 희생하면 **일본**이 이에 만족하고 만주에서 개방정책을 펼칠 것이라고만 믿었다. 그러나 언젠가는 전 세계가 속았다는 것을 알게 될 날이 오리라는 것을 알고 있다. 이제 지구상의 모든 나라들이 한국은 일본의 침략 야욕의 첫 번째 단계이고 만주가 다음 단계이며, 이것이 결코 끝이 아니라는 사실을 분명하게 알게 될 것이다. 그러므로 지금이야말로 우리는 극동의 평화를 실현하고 국제연맹을 존속시키기 위해 강대국들이 서로 함께 모여 일본을 그들이 원래 속한 섬나라로 돌려보낼 것을 전 세계에 알려야 한다는 나의 의견을 피력했다. 그리고 우리의 요구를 지원해줄 만한 회원국들이 없는지 그의 의견을 구했다. 그는 약소국들이 모두 반(反)일본적이니 당연히 "당신의 동맹국들"일 것이라고 말했다. 그는 약소국들을 길게 거론하며 그들이 돌아오면 나를 그들과 접촉하도록 주선해주겠다고 제안했다.

1933년 2월 4일 「이승만 일기」(제네바 국제연맹회의에서 임시정부 전권대사 활동)

픽카드가 오후에 전화를 해서 스웨덴 대표인 레인지 박사가 「리튼 보고서」를 검토하기 위해 국제연맹이 임명한 위원회의 19명 위원 중 한 명이라고 전했다. 그에게 전화를 해서 오후 5시 그의 자택에서 만나기로 약속했다. 서영해를 데리고 그의 집으로 갔으나 서영해는 밖에서 기다리게 했다. 그는 중년이 지나 보였고 영어를 잘 구사했다. 나는 레인지 박사에게 전반적인 내용을 이야기했다. 그는 현재로서는 중국과 일본의 문제가 미묘한 시점이어서 한국 문제를 상정할 회원국은 없다고 말했다. 하지만 앞으로 시간이 어느 정도 지나면 한국의 독립 문제가 상정될 것이라고도 했다. 나는 한국 독립 문제는 국제연맹의 회원국이 제기해야 한다고 말하며 그가 직면한 문제와 관련하여 중요한 정보를 제공함으로써 국제연맹과 중국을 돕고 싶다고 말했다. 그가 직면하고 있는 문제란 국제연맹이 「리튼 보고서」를 채택하느냐 아니면 일본의 요구에 응하느냐 하는 것이다. 일본은 만주국이 일본에 의해서가 아니라 일부 한인들도 포함하여 서류에 서명한 사람들에 의해 세워졌다고 하면서, 국제연맹 내에서는 물론 전 세계에 「리튼 보고서」가 틀렸다는 인상을 심어주기 위해 온간 수단을 다 동원하고 있다. 나는 이러한 일본의 서류를 반박할 증거를 가지고 있다. 이를 국제연맹에 제출하려고 하는데 뉴스의 가치를 지니게 되는 준 공문서의 자격(semi-official status)으로 제출하길 원한다. 사무국에서 이를 회원국들에 돌리도록 요청하려면 중국보다는 다른 회원국이 제출하길 바라며, 이것이 현재로서는 내가 바라는 전부라고 답했다. 그는 나의 의도를 알겠다고 했다. 그는 또한 스웨덴 대표인 스웨덴 수상이 그렇게 할지도 모르겠다고 언질을 주며 나를 위해 그와의 만남을 주선해보겠노라고 덧붙였다. 나는 그에게 감사를 표하고 돌아왔다.

1933년 6월 12일 「이승만 일기」(제네바 회의 활동 후 소련 방문 준비 중)

중국 공사관에…… 갔다. 나는 러시아로 가려는데 이 때문에 궈어와 옌을 만나기를 원한다고 설명했다. ……세계경제회의(World Economic Conference)가 오늘 오후 3시에 신학박물관(Theological Museum)에서 개최되었다. 영국 국왕과 수상이 개막 연설을 했고 중국 대표들도 꽤나 바쁘게 움직였다. 윌리엄스가 와서 함께 라디오를 들으면서 "차 한 잔을 앞에 두고" 국왕과 수상의 연설을 논평도 하며 서로 긴 대화를 주고받았다. 그는 내가 의원이나 언론인 중에서 주요 인물들과 접촉이 있었는지 궁금해했다. 나는 극동문제와 관련하여 영국 정부의 외교 정책은 근시안적이어서 이러한 정책이 지속되는 한 영국이 일본을 화나게 할 일은 없을 것으로 안다고 답했다. 유럽 국가 중에서 일본에 맞설 만한 나라는 없다. 오직 미국만이 언젠가는 점점 증가하는 일본의 위협에 도전이 될 것이다. 만약 영국 정치인들이 미래를 내다볼 수 있는 선견지명을 갖추어 일본이 영국의 국익에 어떻게 해가 되는지를 알아차릴 수 있을 만큼 멀리 내다볼 수만 있다면 그들은 미국과 손을 잡고 대신 일본과 노닥거리는 일을 멈추게 될 것이며 세계 평화를 위협하는 군사적 도발을 견제하게 될 것이라고 말했다.

1933년 7월 19일 「이승만 일기」(모스크바 방문 중)

러시아 외무성 직원은 내 말이 끝나기가 무섭게 "외무성은 당신과 당신의 방문을 알고 있습니다. 비자는 실수로 발급된 것이지 비자 발급에 문제가 있었던 것은 아닙니다. 하지만 지금은 외무성이 러시아를 떠나라고 요청할 수밖에 없는 상황이 되었습니다"라고 말했다. 그렇다면 "비자가 발급된 후 그런 결정을 내리도록 내가 뭘 잘못했나?"고 질문을 했더니, 그는 "개인적인 감정은 없습니다. 당신한테 무슨 문제가 있었다면 정부 당국이 벌써 군인들에게 당신을 강제 추방하라고 지시했을 것입니다. 그런 경우는 아니므로 외무성이 자기를 공식적인 대표로서 이번 상황에 대해 유감을 표시하고 이런 상황에서 비자를 발급한 데 대해 사죄를 하러 보낸 것"이라고 답했다.

나는 웃으며 "누가 뒤에 개입했는지 알 것 같다. 당신네 외무성의 진심을 이제 알았으니 더 이상 머무를 이유가 없는 것 같다"고 말했다. 나는 내 편지를 접어서 관련 부서에 전해달라고 요청했다. 그는 내 편지를 받으며, "전달은 하겠지만 그렇다고 해서 오늘 전달한 메시지가 바뀌지는 않을 것"이라고 했다. 나는 그런 걱정은 할 필요가 없다고 말했다. 그는 내 편지를 주머니에 넣으며 공손하게 절을 하고 나갔다.

토빈슨 양은 "친구들에게 도움을 요청해보라. 비자가 있으니 강제 출국 시키지는 못할 것 같다"고 했다. 나는 그녀에게 **일본**이 나를 러시아 밖으로 쫓아내려고 획책한 짓이며 러시아 외무성이 자기들의 실수를 인정하고 내게 공식적으로 사과를 한 마당에 친구들의 도움도 아무런 소용이 없을 것이라고 답했다.

상황이 이러하니 나도 더 이상 시간 낭비를 하고 싶지가 않았다. 나는 **일본**인들이 방해를 할까봐 호놀룰루로 내가 모스크바에 왔다는 전보도 못 보냈는데 일이 이렇게 되어 나의 도착을 알리기로 했다. 호놀룰루로 전보를 보내고 중국 공사관으로 갔다. ……이제 보니 **일본**이 나를 계속 추적하여 내가 모스크바에 도착하자마자 러시아 정부에 압력을 넣었고, 러시아 정부는 **일본**과의 어떠한 마찰이나 자극을 피하려고 노심초사하고 있음이 분명해졌다. 처음에는 발끈하는 마음에서 모든 것을 공개하여 신문에 센세이션을 일으킬까도 생각해보았다. 그러나 좀 더 신중하게 판단해보니 이 문제는 나만 알고 있다가 나중에 때가 오면 이를 우리에게 유리하게 이용하는 것이 좋겠다고 마음을 고쳐먹었다.

1944년 9월 1일 「이승만 일기」(미국에서 태평양전쟁의 끝자락을 보며)

나는 그에게 "그루 대사님, 우리가 한국으로 곧 돌아갈 수 있도록 대사님이 저희를 좀 도와주십시오. 동경에 10년이나 계셨으니 일본인들이 어떤지, 어떻게 그들을 다루어야 하는지 아시지 않습니까. 일본에서 귀국하신 후 미국인들에게 일본인들에 대한 진실을 말씀해주셔서 우리는 대사님이야말로 우리들의 훌륭한 투사(great champion)가 되실 분이라고 희망을 걸었습니다"라고 말했다. 그는 "제가 당신과 당신 국민들을 위해 할 수 있는 일이 있다면 저는 가장 행복한 사람일 겁니다. 카이로 선언이 한국의 독립을 약속했으니 이제 필요한 건 약간의 인내심입니다"라고 답했다.

내가 "네, 우리 한인들도 감사해하고 있습니다. 하지만 한편으로는 바로 그 세 단어 '적절한 과정을 거쳐(in due course)'란 말이 우리를 또다시 30년 내지 40년간을 우울하게 만들 수도 있습니다. 왜 저들은 우리에게 어떤 실질적인 도움을 주거나 격려를 해주어 자신들의 진심을 입증하지 않는 겁니까?"라고 반문했다. 그러자 그는 "이 박사님, 우리가 의논하고자 하는 것은 이 박사님이 안보회의로 보낸 두 통의 서신입니다. 공식적인 답변보다는 우리가 개인적으로 상황을 설명하는 편이 더 좋을 것 같아 이렇게 찾아왔습니다. 한 통은 옵서버로 회의에 참석하겠다는 요청이니 문제될 것이 없습니다. 다른 한 통은 영토 합병과 정치적 주권에 관한 서신인데 이 박사님도 아시다시피 이 회의는 정치나 영토 문제를 제기할 성격이 아닙니다. 제 생각에는 이 문제를 철회하시는 것이 좋을 듯합니다. 편지 두 통이 모두 여기 있습니다. 이 박사님이 원하시면 제가 지금 돌려드리겠습니다. 만약 철회하지 않으시면 다른 사람들이 이 박사가 회의의 성격조차도 모른다고 생각할 겁니다"라고 말했다.

"우리 한국은 국제연합이란 집안에서 우는 아이와 같습니다. 우리만 유일하게 차별 대우를 받습니다. 우리가 원하는 건 단지 정의와 공정함입니다. 한국은 강대국들이 모이기만 하면 때와 장소를 가리지 않고 계속 울어댈 것입니다. 우는 아이는 때와 장소를 가리지 않습니다. 우는 일이 우리가 할 수 있는 유일한 행위입니다. 모든 나라마다 자기네 민족이 있지만 유엔에는 대표할 나라가 없는 민족들도 있습니다. 게다가 한국은 침략의 첫 희생자이고 투쟁이 저지된 유일한 나라입니다. 제발 마음을 여시고 약간의 동정심과 공정함으로 저희를 봐주십시오.

1905년 시어도어 루스벨트 대통령과 가쓰라 공작이 비밀 협정을 맺고 한국을 일본에 팔아넘긴 이래로 지난 40년 동안 우리는 인내심을 가지고 지금까지 기다려왔습니다. 1919년 윌슨 대통령은 민족자결주의를 제창했습니다. 한국인들은 이를 진지하게 받아들였고 우리의 결심을 입증하기 위해 수천 명이 희생을 당했습니다. 하지만 일본은 그(루스벨트)

를 협박하였고 그는 일본의 압력에 굴복하여 일본에게 중국 산둥 반도를 내줌으로써 일본과 유화정책을 맺고 한국의 정의를 바라는 호소를 묵살해버렸습니다.

우리는 미국과 일본이 곧 충돌하리란 걸 알고 있었으며 그때를 인내심을 가지고 기다려왔습니다. 진주만 공격이 있었을 때 우리는 미국으로부터 도움을 받으리라고 생각했습니다. 하지만 실망스럽게도 우리 민족만 제외되어 한국인들은 물론 우리의 많은 미국 친구들도 한국을 다른 강대국에 팔아넘길 또 다른 비밀 협약이 있지나 않은지 의심을 하게 되었습니다"라고 내가 설명을 했다. 그들은 좀 충격을 받은 듯 보였다. 그는 "지난 과거를 이야기하시는군요"라고 입을 열었다. 나는 "네, 과거의 경험에 비추어 미래를 판단하는 것이니까요"라고 응답했다.

그루 대사는 내가 편지를 되가져가기를 바랐으나 나는 동지들과 의논해보아야 한다고 말했다. 또한 내가 한인들을 대표하고 있지만 지금까지 아무런 성과도 얻지 못했다는 말도 덧붙였다. 나는 계속 「서신」을 보내야 하고, 내가 보낸 「서신」들의 사본을 파일에 보관하여 내가 해야 할 일들을 제대로 했는지, 각고의 노력을 기울였는지를 우리 민족들이 알 수 있게 해야 한다…….

기록에 대한 평가

위에서 제시한 이승만의 자필 기록과 출판물을 보고도 이승만이 항일투쟁을 하지 않은 사람이라고 감히 주장할 수 있을까? 만약 그런 사람이 있다면 그 사람은 그냥 단순히 제정신이 아닌 사람이다. 『청일전기』에 실린 이승만의 글은 그가 만 20세(1900)에 기록한 것이다. 제네바 국제연맹 활동을 하며 남기 일기는 그가 만 58세(1933)에 기록한 것이다. 1944년의 일기는 만 69세에 남긴 기록이다. 이들 기록 이외에도 이승만은 평생 수많은 기록을 남겼다. 이들 기록 어디에도 이승만의 친일 흔적은 보이지 않는다.

다만 독립운동을 하면서 이승만과 다른 노선, 또는 다투던 노선을 따랐던 사람들의 험담이 일부 있다. 예컨대 하와이에서 무장투쟁 노선을 추구하며 '대조선독립단'을 만들어 이승만과 대립하던 박용만, 그리고 하와이를 포함한 미주지역 한인활동의 주도권을 놓고 이승만의 '대한인동지회'와 대립하면서 '대한인국민회'를 이끌던 김현구 등이 대표적인 인물이다(이덕희, 『이승만의 하와이 30년』, 북앤피플, 2015).

역설적이게도 박용만과 김현구는 모두 이승만과 한성감옥 생활을 같이 한 독립운동 초기의 동지들이었다. 그럼에도 불구하고 이들은 후에 이승만에 대한 부정적인 인식을 널리 퍼뜨리는 데 결정적인 역할을 했다.

예컨대 김현구는 스스로의 자서전과 더불어 속칭 '삼만전(三晩傳)'이라고 불리는 '이승만, 박용만, 정순만'에 관한 평전을 영문으로 남겼다. 이 글에서 김현구는 이승만에 대해 사실관계가 부정확한 내용을 기초로 엄청난 비난을 퍼부었다. 그리고 이 글은 1987년 하와이 대학교 한국학연구소의 서대숙 교수가 *The Writings of Henry Cu Kim: Autobiography with Commentaries on Syngman Rhee, Pak Yong-man, and Chong Sun-man*라는 제목으로 출판하여, 이승만에 대한 부정적인 인식이 퍼지는 데 결정적인 기여를 했다.

또한 1959년 미국 캘리포니아 리들리(Reedley) 출판사에서 초판이 출판된 김원용이 쓰고 손보기가 엮은 『재미한인 50년사』 역시 논란이 있을 수 있는 여러 쟁점에 대해 일방적인 판단을 하면서 이승만에 대한 부정적인 인식을 세간에 퍼뜨렸다. 이 책은 국내의 '혜안'출판사가 2004년 재간행했다.[1]

1919년 3.1운동 직후 출범한 상해 임시정부가 이승만을 대통령으로 추대한 후 1925년 이승만이 탄핵당하기까지 이승만은 독립운동가들 사이에서 엄청난 비방과 모략을 당했다. 이 과정에서 이승만은 경우에 따라 근거 없이 친일파로 매도되기도 했고, 그의 독립운동 방식을 두고 일부에서는 '포시랍다'고 비아냥하기도 했다. 그러나 「일기」 혹은 친필 원고에서 드러나듯이, 이승만의 독립운동 방식은 당시 최고의 전문성을 구사한 활동이었다. 일본이 처한 국제관계의 약점은 물론 강대국 사이의 역관계를 고려한 판단에 기초해 앞으로 다가올 변화를 예측하며 활동을 전개했기 때문이다.

이를 위해 국문은 물론 영어로도 책을 쓰고 또 신문방송에 기고하면서 한국의 독립을 국제사회에 호소하는 일이 결코 무장투쟁 방식보다 손쉬운 일이라고 판단할 수 없다. 무장투쟁의 기상은 높이 평가할 수 있지만, 그 결과가 성공하리라는 보장이 없는 불확실한 운동이다. 이에 반해 이승만의 독립운동은 시간이 걸리더라도 국제사회를 움직이는 실력자들을 설득하고 또 이를 장기적으로 지속하기 위해 국내외의 동포들을 계몽하고 교육하는 활동을 했다. 그리고 역사는 이승만의 판단이 정확했고 결국 승리했음을 웅변으로 보여주고 있다.

또한 이승만은 위의 기록에 더해 1948년부터 1960년까지 집권한 동안 누구도 부인할 수 없는 반일정책을 펴서 우리 현대사에 크나큰 유산을 남겼다. 6.25전쟁의 와중인 1952년 이승만은 일본에 대한 '평화선'을 선포해 독도에 대한 주권을 분명히 했기 때문에 대한민국은 여전히 독도를 '실효적으로' 지배하고 있다. 나아가서 『유태하문서』(국사편찬위원회, 2015)가 보여주듯이 이승만 집권기간 내내 지속된 일본에 대한 강경 정책 덕분에, 1965년 체결한 한일국교정상화 과정에서 대한민국은 일본으로부터 산업화에 필요한 종잣돈을 상당한 수준으로 확보할 수 있었다.

영부인 프란체스카가가 남긴 난중일기 『6.25와 이승만』(기파랑, 2010, 98쪽)의 한 대목을 인용하면서 이 글을 마치고자 한다. 1950년 8월 14일의 일기다. 전선이 낙동강으로 밀려 대한민국의 운명이 절체절명에 도달한 때의 상황이다.

"무초 대사는 대구가 적의 공격권에 들어가자 정부를 제주도로 옮길 것을 건의했다. 그의 주장은 그곳이 적의 공격으로부터 멀리 떨어져 있고,

최악의 경우 남한 전체가 공산군에 점령된다 해도 망명정부를 지속시켜나갈 수 있기 때문이라고 설명했다. ……무초가 한참 열을 올려 설명하고 있을 때, 대통령은 허리에 차고 있던 모젤 권총을 꺼내 들었다. 순간 무초는 입이 굳어져버렸고 얼굴색이 하얗게 질렸다……. 대통령은 권총을 위 아래로 흔들면서 '이 총으로 공산당이 내 앞까지 왔을 때 내 처를 쏘고, 적을 죽이고, 나머지 한 알로 나를 쏠 것이요. 우리는 정부를 한반도 밖으로 옮길 생각이 없소. 모두 총궐기하여 싸울 것이요. 결코 도망가지 않겠소'라고 단호히 말했다."

그렇다. 이승만은 항일 무장투쟁의 정신을 누구보다 확실히 보여준 인물이다.

주

1 이외에도 이승만에 대한 부정적 인식을 유포시킨 대표적 문헌은 다음과 같다. Richard C. Allen(본명 John M. Taylor), 윤대균 옮김, 『미국과 이승만』(원제: *Korea's Syngman Rhee: An Unauthorized Portrait*), 합동통신사, 1961.
Quee-Young Kim, *The Fall of Syngman Rhee*, University of California, Berkeley, Center for Korean Studies, 1983.
송건호, 『서재필과 이승만』, 정우사, 1980.
한승인, 『독재자 이승만』, 일월서각, 1984.
김삼웅, 『독부 이승만 평전』, 책보세, 2012.
김상구, 『다시 분노하라』, 구절리, 2012.

복습·심화학습

이승만과 대한민국 왜곡의 현장을 가다

이승만 대통령과 대한민국 정통성 부정의 실태

–이명희(공주대 역사교육과 교수)

우남 이승만 대통령은 우리나라의 건국 대통령임에도 불구하고 현행 역사교과서에서 가장 심하게 매도되고 폄훼되는 지도자다. 그리고 대한민국 건국의 정통성 또한 철저하게 부정되고 있다. 역사교과서에 어떤 것이 서술되었다는 것은 이미 일정 정도 공감대가 형성되어 있었다는 것을 의미한다. 즉 역사교과서에 서술되기 전에 이미 대한민국의 건국과 이승만 대통령에 대한 평가가 이루어져 있었고, 그것이 일정부분 받아들여지고 있었다는 것이다. 그렇다면 누가, 언제부터, 왜 대한민국의 건국과 이승만 대통령, 그리고 이승만 정부를 그토록 공격하고 또 부정하는 것일까? 이에 대한 답을 제대로 하기 위해서는 오랜 기간의 연구가 필요하다. 그러나 현재 역사교과서를 분석해보면 이승만 대통령과 그 시대에 대한 비판과 매도의 내용은 확인할 수 있으며, 또 그것에 영향을 준 것이 어떠한 것들인지 추론하는 것도 가능하다.

중고등학교 교육에서 부정되는 이승만 대통령과 이승만 정부

현재 우리나라의 고등학교 역사교육에 가장 큰 영향을 미치는 교과서는 다음의 두 가지다. 하나는 검정을 통과한 교과서 중에서 전국적으로 가장 많이 채택된 교과서이고, 다른 하나는 중고등학교 역사교사들이 실제로 가장 많이 참고하고 또 사용하는 저들의 대안교과서로 『살아있는 한국사 교과서』다.

미래엔 교과서는 아래 〈표1〉에서 보는 바와 같이 우리나라 전체 고등학교 1,715개교 중에서 525개교가 선택한 교과서로서 전국의 30.5퍼센트의 학교에 보급되었다.

〈표1〉 2014학년도 고등학교 한국사 채택 현황

출판사 / 채택 현황	교학사	두산 동아	리베르	지학사	금성 출판	천재 교육	비상	미래엔	합계
학교수	0	69	76	101	145	283	516	525	1,715
비율(%)	0	4.0	4.4	5.9	8.5	13.9	28.7	30.6	100.0

한편, 전국역사교사 모임이 저술한 『살아있는 한국사 교과서』는 2002년 3월에 초판이 발행되었으며, 2002년 5월 21일에 제2판 제1쇄가 발행되었고, 2008년 2월에 제2판 27쇄가 발행될 때까지 151,000부가 발행되었다. 2012년 4월에 제3판이 발행되었으며 현재까지 20만 부 이상 판매된 것으로 추정된다. 따라서 전국의 중고등학교 역사교사들은 거의 구입하여 참고하고 있을 것으로 파악되며, 필자가 보기에 우리나라의 고등학교뿐만 아니라 중학교 현장에도 가장 큰 영향력을 발휘하고 있는 사실상의 교과서는 아래의 〈그림1〉에 있는 『살아있는 한국사 교과서』라고 생각된다. 출판사 서평 부분에는 출판사 서평은 "역사 교과서와 역사 수업을 바꾼 최초의 한국사 대안교과서"라고 선전하고 있으며, 출간 10주년을

〈그림1〉
『살아있는 한국사 교과서』
(2012년 개정판 표지).

기념하여 전면 개정 증보판을 냈음을 밝히고 있다.

『살아있는 한국사 교과서』의 대한민국 부정은 표지만을 보더라도 짐작할 수 있다. 부제를 '20세기를 넘어 새로운 미래로'라고 하고 있으며, 2012년 개정판은 표지의 메인 그림을 김대중 대통령과 김정일의 악수하는 모습으로 제시하고 있으며, 개화기의 자동차와 5.18광주 민주화 운동, 독립문과 일제강점기에 만주로 떠나는 농민가족의 모습으로 배경을 두고 있다. 한국근현대사에서 가장 큰 사건은 '대한민국의 건국'일 터다. 그럼에도 불구하고 그것과 관련된 사진은 어디에서도 찾아볼 수 없다. 오히려 김정일과 김대중 대통령이 악수하는 모습의 사진이 상징으로 제시되고 있으며, 무엇보다 다양한 사진이 있음에도 불구하고 김정일에 초점이 맞추어져 있는 사진이 제시되고 있기 때문이다.

출판사는 "기존 검인정 교과서와 대립하거나 충돌하고 있지는 않으며, 그 성과를 담아내면서도 지금까지의 역사학계와 역사교육계는 물론 우리 사회가 이루어낸 역사적 성숙도를 담아내고 있다"고 하면서 검정교과서 및 역사학계의 통설들과 충돌하지 않음을 강조하고 있다. 물론 출판사 입장에서는 마케팅을 위한 방편이기는 하겠지만 필자가 보기에 실제로 검정교과서와 그다지 충돌하지 않는다고 판단된다. 특히 근·현대사 부분까지도 충돌하지 않는다. 오늘날 대한민국 사회에서 한일 국가대표팀의 축구경기를 제외하고는 국민이 하나가 될 때가 없을 정도라고 현대 한국사회의 분열상을 지적하기도 한다. 그런데 역사교과서에서만큼은 현행 8종의 한국사 검정교과서 중에서 교학사 교과서를 제외하고는 나머지 7종의 교과서가 대체로 일치하고 있다. 나아가 대안교과서인 『살아있는 한국사 교과서』까지도 일치하고 있다.

필자는 『살아있는 한국사 교과서』와 현행의 7종 검정 한국사 교과서 사이의 일치현상이야말로 우리나라 한국사학과 역사교육의 특징적 실태를 가장 잘 말해준다고 생각한다. 이 이유를 어떻게 설명해야 할 것인가? 결론적으로 말하면 7종의 검정 교과서가 『살아있는 한국사 교과서』의 검정 버전으로 만들어졌다고 보기 때문이다. 그리고 여기에는 더 큰 공통의 기반이 있다고 여겨진다. 그 공통의 기반이 무엇인가?

하나는 현재의 검정교과서와 대안교과서를 떠받치는 공통의 사론(史論)이 존재하기 때문이다. 그것은 다름 아닌 1978년에 초판이 나온 강만길의 『분단시대의 역사인식』이다. 그는 「책머리에」에서 "분단체제는 분명히 민족사 위의 부정적인 체제이며 극복되어야 할 체제이다"라고 분명히 선언한다.

여기서 '분단체제'란 다름 아닌 대한민국 체제이며, 따라서 대한민국이 부정되고 있는 것이다. 즉 대한민국은 '민족사 위의 부정적인 체제'라고 선언되고 있으며, 1970년대 당시의 역사학에 대해 "분단체제 자체에 무관심하거나 혹은 분단체제를 철저한 현실적 조건으로 받아들이고 오히려 그것에 편승하여 이 불행한 역사를 연장시키는 데 이바지"하고 있다고 주장하면서 '현재성 부재'의 역사연구를 강하게 비판했다. 바로 이러한 강만길의 분단사론 비판이 공통의 기반이 되어 있다.

다른 하나는 강만길의 분단사론 비판에 기초하여 주로 1980년대에 행해진 『해방 전후사의 인식』 등 근·현대사 연구와 이것을 기초로 전근대사도 보완하여 1990년대 초에 하나의 통사서다. 즉 한국역사연구회가 지은 『한국역사』다. 한국

역사연구회는 단순한 역사연구에 그치는 것이 아니라, "과학적 실천적 역사학의 수립을 통해 우리 사회의 진정한 민주화와 자주화에 기여하는 것"을 표방하며 1988년에 창립되었다. 그들은 1990년부터 50여 명의 연구회원이 초고를 작성했고, 그 초고는 연구 분과와 연구반에서 수차례의 토론을 거쳐 수정했으며, 편찬위원회에서는 전체적인 체계를 세우고 각 분과 내부와 분과 사이에서 서로 다른 견해가 제기될 때 이를 조정하는 등 철저하게 공동작업에 의해 이 책을 서술했다고 「서문」에서 밝히고 있다. 단순한 하나의 책을 간행한 것이 아니라, '우리 사회의 진정한 민주화와 자주화'를 위한 집단 작업을 한 것이다. 이 책은 철저하게 한국근현대사를 '해방과 분단'의 시각에서 접근하여, 대한민국 정부 수립을 분단의 주요 원인으로 이해함으로써 대한민국의 건국을 철저하게 부정한다. 또한 한반

〈그림2〉

한국역사연구회가 1992년에 집단작업을 해서 펴낸 『한국역사』의 표지.

도의 해방은 일제시대에 전개된 사회주의·공산주의 운동과 중국과 만주에서 전개된 무장투쟁에 의해 이루어졌는데, 대한민국 정부 수립은 미국에서 외교운동을 한 세력들과 국내에서 민족실력양성운동을 하면서 일제에 협력하거나 타협한 친일세력들이 중심이 되었다고 주장한다. 이러한『한국역사』의 역사인식이 바로『살아있는 한국사 교과서』서술의 모델이 되었고, 동시에 검정 한국사 교과서의 토대가 되었다.

미래엔 한국사 교과서의 이승만 대통령 왜곡

'미래엔'이 발행한 고등학교 한국사의 이승만 대통령 및 이승만 정부에 관한 서술과 문제점은 아래와 같다.

1) 〈조선 건국 준비 위원회, 조선 인민 공화국을 수립하다〉

"좌익 세력은 미군의 진주를 대비하여 건준을 해체하면서 조선 인민 공화국을 수립하고, 전국 각 지방에 인민위원회를 조직하였다. 주석에는 이승만, 부주석에는 여운형이 선임되었으나, 이승만은 취임을 거부하였다."(308쪽)

☞한반도 해방의 주역이라고 할 수 있는 국내의 좌익세력들이 사회주의·공산주의 국가로 가기 전의 잠정적인 통일전선국가로서 조선 인민공화국 수립을 목표로 하였고, 이에 이승만이 참여하여야 했는데 하지 않음으로써 분단의 단초가 여기서 시작되었다고 보고 있으며, 이승만을 분단의 궁극적인 원인으로 여기는 것이다.

2) 〈좌우 합작 운동을 전개하다〉

"제1차 미·소 공동위원회가 결렬되자, 이승만은 통일정부 수립이 어렵다면 남한만이라도 정부를 수립해야 한다는 '정읍 발언'을 발표하여 큰 반항을 불러일으켰다."(310쪽)

〈그림3〉
미래엔 교과서가 펴낸
『한국사 교과서』 표지.
대한민국 임시정부 청사와
4.19 관련사진이 부각되어 있다.

"좌우합작위원회는 모스크바 3국 외무 장관 회의결정에 따른 '통일 임시 정부 수립, 유상매입과 무상분배 원칙하의 토지개혁, 반민족 행위자 처벌' 등을 주요 내용으로 하는 '좌우 합작 7원칙'에 합의하였다(1946.10). 김구는 좌우합작 7원칙을 '8.15 이후 민족이 거둔 최대 수확'

이라며 지지하고 나섰다. 그러나 이승만과 한국 민주당 등 우익은 좌익과의 협조 자체를 거부하였다. 박헌영이 이끄는 좌익도 무상몰수·무상분배의 토지 개혁과 친일파 즉각 청산을 요구하며 반대하였다."(310쪽)

☞토지개혁과 친일파 청산을 주요 과제로 하는 좌우합작 운동이 민족통일로 가는 길이었으나, 김구와 달리 이승만은 이를 거부하였으며, 그것이 분단으로 연결되고 있다고 주장한다. 즉 좌우합작을 통한 사회주의 통일국가 건설이 정당한 역사적 과제라는 것을 전제로 이승만을 비판하고 부정한다.

3) 〈유엔 소총회, 남한 단독선거를 결의하다〉

"유엔 소총회가 열려 선거가 가능한 지역에서만 총선거를 실시하도록 결의하였다. 이에 김구는 단독선거가 민족 분단의 길이며, 민족상잔의 비극을 초래하게 될 것이라고 경고하며 반대하였다. 반면, 이승만과 한국민주당은 총선거를 환영하며 선거 준비에 힘썼다.(311쪽)

☞김구를 인용하여 단독선거에 의한 대한민국정부 수립이 민족분단의 비극을 초래하였으며, 분단체제의 원인이 되고 있다고 하면서, 이승만과 한국민주당이 오늘날 분단체제의 원흉이라고 보고 있는 것이다.

4) 〈유일한 합법정부인 대한민국 정부가 수립되다〉

"제헌 국회는 무소속 85석으로 다수를 차지했지만 이승만이 이끄는 대한독립촉성 국민회가 55석을 얻어 원내 제1당이 된 한국 민주당 등 군소우익 정당과 연합해서 과반을 차지하였다. 그 결과 국회의 간접 선거를 통해 이승만이 대통령에 당선되었다. 내각을 조직한 이승만은 8월 15일 미군정 종식과 함께 대한민국 임시정부의 법통을 계승한 민주공화국임을 밝혔다."(313쪽)

☞1948년 제정된 제헌헌법은 '3.1운동의 독립정신'의 계승을 명시하는 반면, '임시정부의 법통 계승'을 언급하지 않고 있음에도 불구하고 이를 강조하고 있다.

5) 〈좌절된 반민족 행위자 처벌〉

"반민특위가 일본 경찰 출신 노덕술을 검거하자, 대통령 이승만은 좌익 반란 분자 색출 경험이 풍부한 경찰관을 마구 잡아들여서는 안 된다는 특별 담화를 발표하였다. 이어 공산당과 내통했다는 구실로 반민특위 소속 국회의원들을 구속하였다. 경찰들이 반민특위를 습격하는 일도 벌어졌다. 결국 반민특위가 해체되어 민족 정기를 바로잡는 과제는 뒤로 미뤄졌다."(314쪽)

☞당시의 상황에 대한 설명 없이 이승만 대통령의 반민특위에 대한 제

한과 그 소속 국회의원 구속 사실을 서술함으로써 이승만 대통령이 친일파를 옹호하여 구한 것처럼 인식시키고 있다.

6) 〈농지개혁을 실시하다〉

"경자유전의 원칙에 따라 농지개혁이 실시되었다(1950). 농지개혁으로 지주·소작제가 거의 사라졌으며, 대부분의 농민이 자기 소유의 토지를 갖게 되었다. 그러나 농지를 제외한 토지는 개혁대상에서 제외되었고, 반민족행위자의 토지 몰수 조항은 포함되지 않았다. 유상분배에 따른 부담으로 농민이 농지를 되팔고 다시 소작농이 되는 경우도 있었고, 지가 증권을 현금으로 바꾸기 어려워 중소지주층이 산업자본가로 전환되지 못하고 몰락하였다."(314쪽)

☞농지개혁의 엄청난 정치적 및 사회적 효과에도 불구하고 그것에 대한 언급은 전혀 없이, 문제점이나 부작용만 강조하여 서술함으로써 이승만 대통령의 가장 성공적인 정책의 하나로 꼽히고 있는 것을 오히려 이승만 대통령을 폄훼하는 수단으로 이용하고 있다.

7) 가상 포스터로 보는 광복 직후 남한 주요 정치세력의 성향 (315쪽)

☞위 가상포스터를 학습자료로 사용하면서 ①남북 합작 통일 정부 수립에 적극적인 인물과 정당은?, ②유상매수, 유상분배의 토지개혁을 주

〈그림 4〉 미래엔에서 출간한 『한국사 교과서』에 출제된 예시 문항.

장한 인물과 정당은?, ③반민족 행위자 청산에 소극적인 인물과 정당은? 이라고 발문함으로써 문제가 있는 토지개혁과 친일파 청산이라는 시대적 과제를 하지 않은 인물로서 이승만을 부각하고 있다. 가장 노골적이고 악의적인 反이승만 서술의 하나라고 할 수 있다.

8) 〈지루한 협상 끝에 휴전이 성립되다〉

"정전회담에서는 휴전선 설정과 포로 교환 방식 등에 대한 협의가 쉽지 않았다. 한때 이승만 대통령은 휴전을 반대하면서 북송을 거부하는 반공 포로를 일방적으로 석방하여 회담이 지연되기도 하였다."(318쪽)

☞이승만의 반공포로 석방은 그 역사적 의미를 높게 평가받음에도 불구하고, '일방적으로'라는 수식어를 삽입함으로써 '비민주적'이라는 이미지를 갖게 하고, 또 휴전을 무조건 반대하는 호전주의자와 같은 이미지를 유도하는 서술을 하고 있다.

9) 〈이승만, 장기 독재 체제를 추구하다〉

"6.25전쟁 직전에 실시된 제2대 국회의원 선거에선 반 이승만 성향의 후보가 대거 당선되었다(1950). 이승만 정부가 각종 비리를 저지르고 반민족행위자를 옹호하여 국민의 기대를 저버렸기 때문이다. 더구나 부산 피난 국회에서 국민방위군 사건과 거창 양민 학살 사건이 폭로되자 국회에서 이승만 대통령이 재선될 가능성은 더욱 낮아졌다.

이에 이승만은 자유당을 창당하여 지지기반을 넓히고 직선제 개헌을 추진하였다. 개헌안은 일부 국회의원을 간첩으로 몰아 구속하는 등 공포 분위기 속에서 기립 투표라는 불법적인 방법으로 국회에서 통과되었다(발췌개헌, 1952). 이후 이승만은 직선제 선거를 통해 대통령에 다시 당선되었다.

전쟁 후 자유당은 '3선 금지' 조항을 초대 대통령에게 적용하지 말자는 개헌안을 발의하였다. 개헌안은 국회표결 정족수 1명이 모자라 부결이 선언되었다. 하지만 이틀 후 국회의장은 반올림을 적용하여 개헌안이 통과되었다고 번복하였다(사사오입 개헌, 1954). 결국 1956년 선거에 출마한 이승만은 민주당 후보 신익희의 갑작스런 죽음으로 단독 후보가 된 상황에서 세 번 연속 대통령에 당선되었다.

그러나 진보 성향의 대통령 후보 조봉암의 돌풍이 만만치 않았고, 부통령에는 민주당 장면이 자유당의 이기붕을 누르고 당선되었다. 이에 자유당은 조봉암을 간첩죄로 몰아 제거하고, 국가 보안법을 개정했으며, 정부에 비판적이었던 경향신문을 폐간하였다."(320쪽)

☞이 서술이야말로 이승만 대통령에 대하여 '간악한 독재자'의 이미지를 갖게 하는 내용이다. 역사교과서 서술에 있어서는 역사서의 서술보다도 더 사실 선택의 종합적 타당성과 균형성이 추구되어야 함에도 불구하고, 이승만 시대를 독재체제라고 규정을 해놓고, 거기에 해당하는 사실들만을 선택하여 악의적으로 서술하고 있다.

10) 〈1년 전부터 부정선거를 준비하다〉

"초대 대통령 이승만은 강력한 반공정책을 펼쳐 공산 세력으로부터 자유민주주의를 지켜냈다. 그러나 민주주의 원칙과 절차를 무시하고 발췌개헌과 사사오입 개헌을 단행하여 장기 독재체제를 수립하였다. 그러한 가운데 1950년대 말에는 미국의 무상원조가 크게 줄어 경기가 침체되면서 국민의 고통과 원성이 높아졌다.

한편, 이승만 정부와 자유당은 제4대 대통령 선거 실시 1년 전부터 내무부 장관을 중심으로 공무원과 행정력을 동원해 부정선거를 조직적으로 준비하였다."(324쪽)

☞이승만 대통령에 대해 긍정적으로 서술한 유일한 부분이다. 그럼에도 불구하고 이승만 정부가 1년 전부터 의도적으로 부정선거를 준비한 범죄 집단처럼 묘사함으로써 오히려 이승만 대통령이 펼친 반공정책에 대해서도 부정적인 이미지를 형성할 수 있도록 유도하고 있다.

11) 〈3.15부정선거를 규탄하다〉

"제4대 대통령 선거에서 민주당 대통령 후보 조병옥이 사망하자, 단독 후보가 된 이승만의 당선은 확실시 되었다. 그러나 고령인 이승만에게 건강상의 문제가 생기면 부통령이 대통령직을 승계해야 했다. 정부와 자유당은 공무원, 마을 이장, 경찰, 정치 깡패를 동원하여 이기붕을 부통령에 당선시키기 위해 온갖 부정을 저질렀다. 야당후보의 선거 유세를 방해했고, 선거 방일에 투표함을 통째로 바꿔치기하는 경우도 있었다."(324쪽)

☞마치 이승만 대통령의 의지 혹은 묵인에 의해 부정선거가 조직적으로 행해진 것처럼 서술되어 있다.

12) 〈4.19혁명, 장기 독재 정권을 무너뜨리다〉

"정부는 이기붕 부통령 당선자 사퇴와 이승만의 자유당 총재직 사임으로 사태를 수습하려 했지만, 대학 교수들은 이승만 퇴진을 요구하며 시위를 벌였다. 결국 이승만은 '국민이 원한다면 물러나겠다'는 성명을 발표하고(4.26.) 미국으로 망명하였다. 이로써 독재 정권은 붕괴되고 과도 정부가 수립되었다.(325쪽)

☞이승만 대통령이 국민적 저항의 대상이 되었다는 것을 강조함으로써 반국민적 이미지를 조장하고 있다.

이상과 같이 이승만 대통령과 이승만 정부에 대한 서술은 시종일관 부정적인 측면 일변도로 서술되었다. 거의 유일하게 긍정적으로 서술되어 있는 부분은 "초대 대통령 이승만은 강력한 반공정책을 펼쳐 공산세력으로부터 자유민주주의를 지켜냈다"는 서술이 있으나, 그것도 '1년 전부터 부정선거를 준비'한 집단의 수괴인 것 같은 문맥 속에서 서술함으로써 '반공정책'마저도 부정적으로 비춰지게 하는 서술을 하고 있다. 이처럼 부정적인 서술 일변도로 하고 있는 이승만 대통령이 분단체제, 즉 대한민국 체제를 수립하고 연 인물이기 때문에, 그를 부정함으로써 강만길이 말하는 분단체제를 부정하고 통일에 기여하는 '현재성' 있는 역사에 부응하고 있다고 착각하고 있는 것이 아닐까?

『살아있는 한국사 교과서』의 이승만 대통령 폄하

도서출판 휴머니스트에서 발간한 『살아있는 한국사 교과서』의 이승만 대통령 및 이승만 정부에 관한 서술은 아래와 같다.

1) 〈우리는 이런 나라를 원한다〉

"이승만은 임시정부의 대통령으로 추대되었다가 탄핵을 받기도 한 인물인데 명성과는 다리 국내 조직 기반이 없었기 때문에 한민당(지주와 자본가 등 일제와 타협하여 생활하였던 사람들이 중심이 된 정당)과 손을 잡았다.(166쪽)

◇1945년 12월 '선구회'의 "우리를 지도하여 줄 인물은 누구라고 생각하십니까"와 "새 나라의 정치체제로 바람직한 것은 무엇이라고 생각하십니까?" 설문조사

; 여운형(36%) > 이승만(20%) > 김구(18%) > 박헌영(17%) > 이관술(16%)

; 민주주의 정체(28%)>입헌정체(21%)>진보적 민주주의 정체(16%)>사회적 민주주의 정체(15%)>사회주의 정체(9%)>신민주주의 정체(7%)>기타(4%)(170쪽)

☞정체도 불분명한 '선구회'의 의도된 여론조사 결과를 역사적 증거인 것처럼 제시하여 해방 정국에서 한국인의 다수는 이승만을 지지도 하지 않았고, 또 자유민주주의와 시장경제를 지지하지도 않았다는 것을 보여주고자 의도하고 있다. 이로써 이승만과 대한민국의 정당성을 부정하거나 의심하도록 유도하는 것이다.

2) 〈좌·우익 대립의 골이 깊어지다!〉

"김구와 이승만 등 우익은 신탁 통치 결사반대를 외쳤다. 좌익은…… 중략…… 모스크바 3상회의 결정을 임시정부 수립에 중점이 두어져 있는 것으로 이해하면서 모스크바 3상회의의 결정을 지지하는 입장으로 돌아섰다."(169쪽)

☞좌우익의 대립이 마치 김구와 이승만의 신탁통치안에 대한 피상적 이해 때문인 것처럼 보일 수 있도록, 남로당과 좌익세력의 신탁통치 찬성 이유를 아무런 비판 없이 그대로 제시하고 있다.

3) 〈남과 북, 서로 다른 길로 접어들다!〉

"이승만은 해방된 지 1년도 채 안 되는 1946년 6월 "통일정부를 바라지만 뜻대로 되지 않으니, 우선 남한만이도 정부를 수립하여 38도선 이북에 있는 소련을 몰아내야 할 것"이라며 남한 단독정부 수립을 주장하였다."(172쪽)

☞1946년 2월부터 북한에서는 남북 분단을 전제로 실제로 정부가 시작되었음에도 불구하고 이것에 대한 서술 없이, 마치 이승만의 단독정부 수립 주장이 분단의 시작과 원인인 것처럼 서술하고 있다.

4) 〈대한민국과 조선민주주의인민공화국〉

"헌법이 정한 절차에 따라 간접선거를 통해서 이승만이 대통령으로 선출되었다. **1948년 8월 15일 이승만이 건국을 공포함으로써 대한민국이 수립되었다.**"(174쪽)

☞대한민국과 조선민주주의인민공화국을 대등하게 배치함으로써 대한민국의 교과서인지 북한의 교과서인지 구별이 되지 않는다.

5) 〈한반도에 이는 전쟁의 먹구름〉

"반공북진 통일을 외치던 이승만 정권은 미국에 무기와 물자 원조를 요구하였다. 3일이면 북한군을 제압하고 평양을 점령할 수 있다는 자신감

을 보이기도 하였다."(189쪽)

☞이승만 정부의 정치적 언사를 아무런 설명 없이 제시함으로써 이승만 정부가 북침의 의지가 있으며 또 북침의 준비를 하고 있었던 것처럼 오해를 불러일으키고 있다.

6) 〈역사현장 – 반민특위 법정〉

"위원회는 4개월 동안 약 300여 명을 반민족 행위자로 체포하였다. 그러나 이승만과 친일파들은 법률의 제정과 조사위원회의 활동을 끈질기게 방해하였다."(190쪽)

"이승만 대통령은 반민특위 활동을 방해하였으며, 친일경력을 가진 경찰이 도리어 반민특위를 습격하는 일도 있었다. 결국 1년여 만인 1949년 8월 31일에 반민특위는 해체되고 말았다."(191쪽)

☞신생국가의 건설과 함께 남북 대치라는 특수한 상황에 대한 고려 없이 현상적이고 부분적인 사실을 언급하여 이승만 대통령이 친일파청산 자체를 반대한 것처럼 서술하고 있다.

7) 〈미국, 전쟁에 개입하다〉

"다급해진 이승만은 미국에 도움을 요청하였다. 미국은 신속하게 남한에 군대를 파견하였으며, 유엔을 움직여 유엔군 파견을 결정하였다. 7

월 7일에 유엔군 사령부가 설치되었고, 미군 극동 사령관이 지휘를 맡았다. 7월 12일 이승만은 남한군의 지휘권을 유엔군 사령관에게 넘겼다."(193쪽)

"서울에 돌아온 이승만 정권은 내친 김에 미국의 힘을 빌려 북진통일을 달성하고자 하였다."(193쪽)

☞당시 이승만 대통령에 대해 미국이 얼마나 부담스러워하고, 또 미국을 대한민국의 건국과 수호에 얼마나 일방적으로 협력했는가에 대한 설명이 전혀 행해지지 않은 상태에서 문맥이 마치 이승만 대통령이 친미 사대주의자인 것처럼 서술하고 있다.

8) 〈휴전, 전쟁은 끝나는가〉

"이승만은 휴전에 반대하면서 여전히 북진통일을 주장하였다. 그러나 미국은 남한에 경제 원조 등을 약속하면서 휴전 쪽으로 유도하였다."(194쪽)

☞이승만이 당시 미국과 유엔의 힘을 이용하여 자유통일을 달성하려고 했던 것은 방치하고 마치 호전주의자처럼 악의적으로 서술하고 있다.

9) 〈이승만, 헌법을 바꾸어 권력 연장을 거듭하다!〉

"제2대 대통령 임기가 2년 정도 남은 1954년 6월, 이승만은 대통령을 두 번밖에 할 수 없다는 규정을 없애기 위한 헌법 개정안을 국회에 제출하였다. 그리고 이를 억지로 통과시켜 정권을 연장하려들었다."(198쪽)

☞당시의 상황에 대한 설명을 하지 않고 부정적인 사실만을 서술하고 있다.

10) 〈반대 세력을 제거하다!〉

"이승만 정권을 조봉암을 비롯한 진보당 지도부를 체포하였다. 그러고는 조봉암을 간첩으로 몰았다. 결국 조봉암은 사형당하였고 진보당은 완전히 무너졌다. 이렇게 이승만 정권은 반정부 세력들을 '빨갱이' 혹은 '간첩'으로 몰아 정치적으로 억압하였고, 그것을 바탕으로 독재 권력을 지탱해가고 있었다."(198쪽)

☞부정적인 사실을 비교육적으로 강조하여 이승만 정부에 대한 악의적으로 서술하고 있다.

11) 〈남한 경제와 주민생활〉

"이승만 정권은 정치 자금을 확보하기 위해 필요 이상의 농산물을 수입하였고, 국내에서 생산되는 농산물 가격이 떨어지면서 국내 농업기반이 약해졌다. 농민들의 생활은 더욱 어려워져 파산하는 사람들이 늘어갔다."(199쪽)

☞미국의 농산물 원조가 당시 어떠한 기능을 하였는지에 대한 서술 없이 이승만 정권의 정치자금이 되는 동시에 농민생활은 더욱 궁핍하게 했다고 역사적 사실을 왜곡하여 서술하고 있다.

12) 〈북한 경제와 주민생활〉

"북한 경제는 빠른 속도로 회복되었다. 주민들을 일사불란하게 동원한 강력한 계획경제정책이 효과를 본 것이다. 또한 소련과 중국 등 사회주의 국가의 지원도 북한 경제를 회복시키는 데 큰 힘이 되었다."(201쪽)

☞소련과 중국의 북한 원조는 선이고, 미국의 남한 원조는 악이라는 것으로 전형적인 편파서술이고 왜곡이라고 할 수 있다.

13) 〈부정선거의 결정판〉

"이승만 독재 정권 아래, 민중들의 생활은 어려웠고 독재정치에 대한 불만은 높아만 갔다. 1960년 대통령 선거가 실시되자 85세의 고령이던 이승만이 다시 후보로 나왔다."(208쪽)

"1960년 3월 15일에 행해진 선서는 이승만과 이기붕의 압도적인 승리로 끝났다. 일부 지역에서는 자유당 표가 전체 유권자 수보다 많이 나올 정도여서 당황한 선거관리위원회는 이승만, 이기붕의 득표율을 낮추어 발표하였다. 3.15부정선거는 이승만 정권이 민주주의를 정면으로 부정

한 사건이었다."(209쪽)

14) 〈자유의 종을 거세게 두드려라!〉

"결국 이승만은 대통령직에서 물러나 미국으로 망명을 떠났다. 이로써 12년에 걸친 제1공화국이 끝을 맺었다. 부패한 독재정권을 민중의 힘으로 무너뜨린 이 거대한 움직임을 4.19혁명이라고 부른다."(210쪽)

☞이승만 정부가 민주주의의 기초인 선거를 의미 없게 함으로써 국민에 의해 붕괴되고 축출되었다는 것을 강조하여 서술하고 있다.

어느 시대의 정부나 정책도 비판의 소지가 없는 것을 없을 것이다. 잘못된 것에 대해 비판의 시각을 들이대는 것은 역사의 정당한 역할이며 소중한 기능이다. 하지만 이상의 두 사례와 같이 자국의 건국과 수호에 큰 공적이 있는 정부와 정책에 대해 근본적으로 부정하는 입장에서 서술하는 것은 건전한 비판과는 차원이 다른 이야기다. 이승만 대통령과 이승만 정부에 대한 이와 같은 일방적인 부정과 매도는 대한민국의 건국과 대한민국의 정통성에 대한 부정과 매도로 연결되는 동시에 대한민국 국민의 분열을 조장하게 된다는 점에서 중대한 문제다.

이러한 과제를 극복하기 위해서는 종래의 이승만 대통령 및 이승만 정부에 대한 비판과 부정을 反비판하는 것만으로는 뜻을 이루기 어렵다. 이승만 대통령과 이승만 정부의 부정적인 부분에 대해 인정하고 또 비판도 하면서 공적을 정당하게 평가하여 객관적인 자리매김을 하는 것이야말로 대한민국의 건국과 정통성을 확립하는 길이라고 믿는다.

역사교과서의 대한민국 부정과 그 대책

이승만 대통령과 이승만 정부에 대한 일방적인 부정과 매도는 대한민국의 건국과 대한민국의 정통성에 대한 부정과 매도로 연결된다는 점을 유의하지 않으면 안 된다. 특히 일생을 좌우할 수 있는 역사의식이 형성되는 중·고등학교 시기의 교과서에 대한민국을 건국하고 수호한 이승만 대통령과 그 정부에 대해 일방적으로 비판하고 매도하는 것은 대한민국에 대한 부정적 인식을 심는 것과 직접적으로 연결된다. 단순한 비판을 넘어 대한민국의 자체의 부정과 연결되는 내용이 다수 발견되고, 대한민국 건국의 최고 공로자이고 또 국가수반이 대한민국에 기여한 공로에 대해서는 거의 눈을 감고 있는 편향된 서술을 하고 있다.

미래엔 고등학교 『한국사 교과서』는 이승만 대통령에 대해 反통일, 反민족 및 친일파 옹호, 反농민, 독재체제, 민중에 의해 추방된 대통령이라고 서술하고 있다. 한편 『살아있는 한국사 교과서』는 反통일, 반공·전쟁옹호, 친미종속, 反농민, 국민탄압 독재 강화, 민주주의 부정-부정선거, 국민에 의해 추방된 반공·반민족·반민주 독재자라고 서술하고 있다.

이상과 같이 초대 대통령과 그 정부를 일방적으로 비판하고 매도하는 역사 서술의 문제를 바로잡아 학생들에게 바른 역사인식을 형성하기 위해서는 이승만 대통령 및 이승만 정부에 대한 비판과 부정을 反비판하는 것만으로는 뜻을 이루기 어렵다. 이승만 대통령과 이승만 정부의 공적을 정당하게 평가하여 객관적인 자리매김을 하는 것이야말로 대한민국의 건국과 정통성을 확립하는 길이라고 믿는다. 위 두 교과서도 부정하지 못하는 것이 있다. 즉 이승만 대통령을 중심으로 대한민국이 건국되었다는 사실과 공산세력으로부터 자유민주주의를 수호하였다는 사실만큼은 부정하지 못하고 있다.

이러한 공적과 성취에 대해 주목해야 한다. 필자는 이승만 대통령과 이승만 정부의 공로를 분명하고 객관적으로 규명하여 학생들로 하여금 공부하도록 하는 것이야말로 해결의 방향이라고 확신한다.

필자는 이승만 대통령과 이승만 정부의 공적으로 세 가지를 꼽고자 한다. 첫째는 자유민주주의 체제의 대한민국 건국이고, 둘째는 국제공산제국주의와 김일성의 침략으로부터 대한민국을 수호했으며, 셋째는 후일 산업화와 민주화의 동력이 된 의무교육제도의 확립하여 교육혁명을 달성했다는 점이다. 이에 대한 연구를 서두를 것을 제안한다.

참고문헌

강만길, 『分斷時代의 歷史認識』, 창작과비평사, 1978.

한국역사연구회, 『한국역사』, 역사비평사, 1992.

전국역사교사모임, 『살아있는 한국사 교과서』, 휴머니스트, 2012.

한철호 외, 『고등학교 한국사』, 미래엔, 2014.

강만길, 「분단시대의 역사인식 이후의 나의 연구관심사」, 『사회평론 길』, 제91권 제6호, 1991.

이승만 깨기 이승만에 씌워진 7가지 누명

펴낸날 초판 1쇄 2015년 11월 25일
초판 4쇄 2022년 3월 4일

지은이 남정욱·류석춘
펴낸이 김광숙
펴낸곳 백년동안
출판등록 2014년 3월 25일 제406-2014-000031호

주소 경기도 파주시 광인사길 22
전화 031-941-8988
팩스 070-8884-8988
이메일 on100years@gmail.com

ISBN 979-11-86061-40-4 03300

※ 값은 뒤표지에 있습니다.